Was Sie schon immer
über  **Ephraim
Kishon**
wissen wollten...

**Ein Porträt
in Daten, Fakten,
Interviews, Reportagen
und eigenen Texten**

**Mit 12 Illustrationen
von Rudolf Angerer
und 24 Fotos aus dem
Privatarchiv**

Ullstein

ein Ullstein Buch
Nr. 23569
im Verlag Ullstein GmbH,
Frankfurt/M – Berlin

Originalausgabe

Der Verlag dankt den
Zeitungs- und Zeitschriftenverlagen
für die Abdruckgenehmigung der
einzelnen Artikel und Beiträge

Gesamtkonzeption,
Gestaltung und Realisierung:
Buch und Werbung, Berlin
Alle Rechte vorbehalten
© 1994 by Verlag Ullstein GmbH,
Frankfurt/M – Berlin
Printed in Germany 1994
Druck und Verarbeitung:
Ebner Ulm
ISBN 3 548 23569 7

August 1994
Gedruckt
auf alterungsbeständigem Papier
mit chlorfrei gebleichtem Zellstoff

Inhalt

Ephraim Kishon
über
Ephraim Kishon

Ich bin kein Schriftsteller.
Ich bin nur ein Humorist.
Erst wenn man stirbt,
wird man ein Schriftsteller.«

F. Kishon

Faksimilierte Manuskriptseite der Autobiographie »Nichts zu lachen«

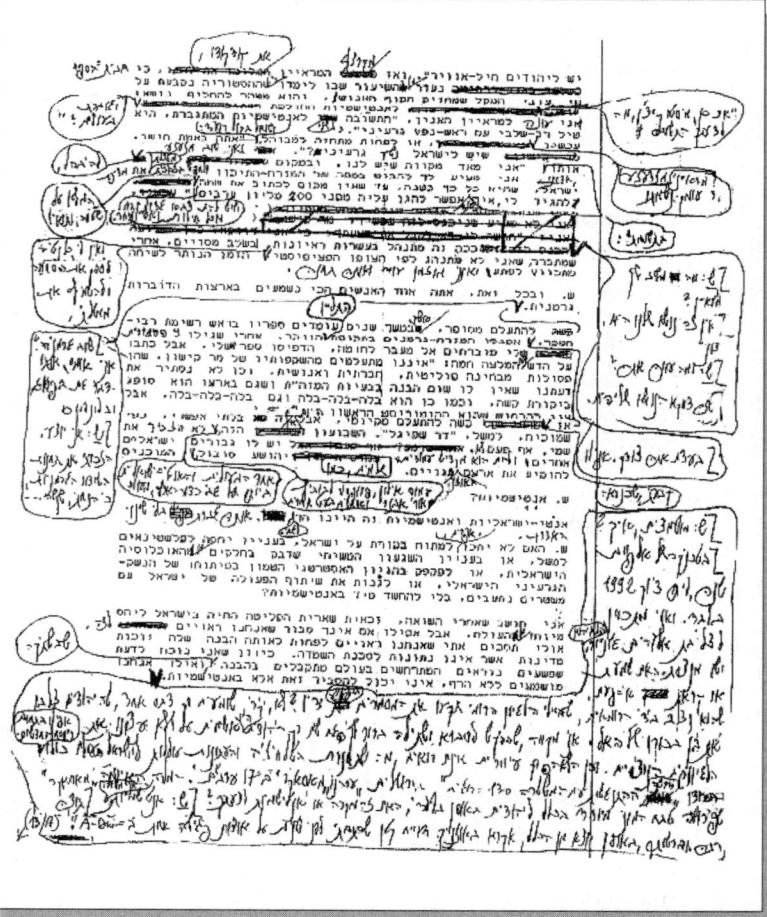

Fragebogen

Was ist für Sie das größte Unglück?
Der Untergang der »Titanic«.

Wo möchten Sie leben?
In der Schweiz als Gastarbeitsloser.

Was ist für Sie das vollkommene irdische Glück?
Junge Zwiebeln.

Welche Fehler entschuldigen Sie am ehesten?
Meine eigenen.

Ihre liebsten Romanhelden?
Sie erscheinen leider nur in Kurzgeschichten.

Ihre Lieblingsgestalt in der Geschichte?
Beria.

Ihre Lieblingsheldinnen in der Wirklichkeit?
Dolly Pipper und Ziva Lahat.

Ihre Lieblingsheldinnen in der Dichtung?
Nana von Emil Zola.

Ihre Lieblingsmaler?
Brueghel.

Ihre Lieblingskomponisten?
Offiziell Honegger, in Wirklichkeit Tschaikowski.

Welche Eigenschaften schätzen Sie bei einem Mann am meisten?
Eigene Meinung.

Welche Eigenschaften schätzen Sie bei einer Frau am meisten?
Die Hüften.

Ihre Lieblingstugend?
Dankbarkeit.

Ihre Lieblingsbeschäftigung?
Nichtstun.

Wer oder was hätten Sie sein mögen?
Ephraim Kishon, 25 Jahre jünger.

Ihr Hauptcharakterzug?
Konstruktiver Zynismus.

Was schätzen Sie bei Ihren Freunden am meisten?
Reichtum.

Ihr größter Fehler?
Krankhafter Perfektionismus.

Ihr Traum vom Glück?
Harmloses Rauschgift.

Was wäre für Sie das größte Unglück?
**Keine Zwiebel zum Braten zu finden
(siehe Frage 3).**

Was möchten Sie sein?
Ölscheich in Israel.

Ihre Lieblingsfarbe?
Schwarz.

Wie möchten Sie sterben?
Plötzlich.

Ihre gegenwärtige Geistesverfassung?
Vorsichtige Zufriedenheit.

Ihr Motto ?
**»Alles kann man dem Menschen nehmen, nur das
nicht, was er gegessen hat.«**

F.A.Z. MAGAZIN

Stationen seines Lebens

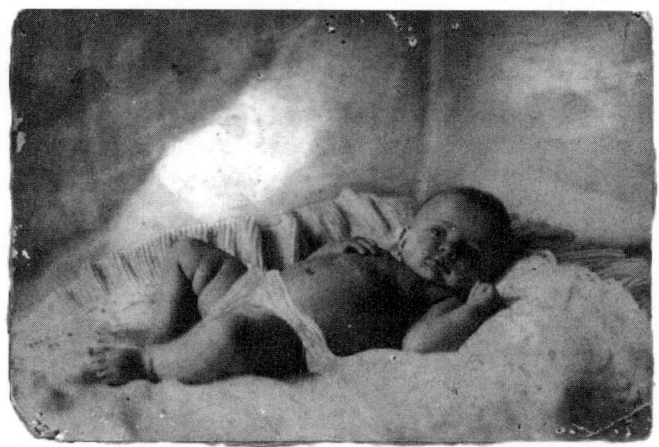

Ephraim Kishon, als er noch Ferike genannt wurde, mit 6 Monaten

1924 Ephraim Kishon wird am 23. August in Budapest als Hoffmann Ferenc geboren. Vater Desider Hoffmann, Bankdirektor, Mutter Elisabeth, geborene Steiner, Schwester Agnes.
Er besucht in Budapest Grundschule, Realgymnasium und Wirtschaftsakademie, jeweils mit Abschlußzeugnis.

1940 I. Preis des landesweiten Novellenwettbewerbs für Mittelschüler.

Die schöne Mutter Erzsébet mit 40 Jahren

Vater Dezsö in der Uniform der Roten Armee 1919 in Ungarn

1941 Abitur mit Auszeichnung. Wegen der soeben ein-
geführten Judengesetze ist aber kein weiteres aka-
demisches Studium möglich, daher entschließt
sich Kishon zu einer Goldschmiedlehre.

1944 Kishon wird während der deutschen Besatzung
in Ungarn zum Arbeitsdienst im Lager verpflich-
tet und dann über die Tschechoslowakei in ein
Vernichtungslager nach Polen transportiert.

1945 Vor Überschreitung der polnischen Grenze flieht
Kishon aus dem Gefangenentransport und über-
lebt getarnt als Nichtjude. Von seiner 20köpfigen
Familie bleiben nur Eltern und Schwester am
Leben.

**Die Hoffmann-Familie,
Agnes, Dezsö,
Erzsébet und Ferenc**

**Kishons erste Liebe
und Ehefrau Eva (Cha-
wa) Klamer, Flüchtling
aus Wien nach dem
Anschluß 1938**

**Ferenc, 14jährig mit Schwester Agnes im
Städtischen Schwimmbad 1938**

1945 Nach Kriegsende Eintritt in die Akademie für Metallskulptur im Rahmen der kunstgeschichtlichen Fakultät der Universität in Budapest.

1948 Ende des Jahres Künstlerdiplom in Metallskulptur und Goldschmiedekunst.
Gleichzeitig 1.Preis im landesweiten Romanwettbewerb der führenden ungarischen Literaturzeitung.

1948 Kishon wird Redaktionsmitglied des satirischen Blattes »Ludas Matyi«, schreibt Theaterstücke, Hörspiele und Satiren.

1949 Flucht mit der ersten Frau Eva aus Ungarn über Österreich und Italien nach Israel.

Ephraims erste hebräische Schreibversuche 1950

Kishon als unfreiwilliger Juweliermeister

Stanko Andras, Kishons slowakischer Tarnname während seines Untertauchens in der Nazizeit

1950 Neubeginn in Israel. Beschäftigung mit Pferde-
zucht in einem Kibbuz. Beginn der journali-
stischen Arbeit für die ungarische Zeitung »Uj
Kelet«.

1951 Gemeinsam mit zwei Freunden Eröffnung der
Garage »Daru« auf dem Land. Im gleichen Jahr
Eintritt in die Redaktion »Uj Kelet«.

1952 Kishon widmet sich das ganze Jahr über dem
hebräischen Sprachstudium an einem staatlichen
Internat in Jerusalem.

1952 Beginn der Arbeit für »Maariv«, tägliche Kolumne
in dieser größten israelischen Tageszeitung.

1953 Die satirische Komödie »Der Schützling« wird im
Nationaltheater »Habima«, Tel Aviv, uraufgeführt.

**1965: Ephraim Kishon erhält in Hollywood zwei »Golden Globes« für
seinen Fim »Sallah oder Tausche Tochter gegen Wohnung«**

1957 Geburt des ersten Sohnes Rafael.

1959 Heirat mit seiner zweiten Frau Sara, besser bekannt als »die beste Ehefrau von allen«.
Die »New York Times« wählt Ephraim Kishons Buch »Drehn Sie sich um, Frau Lot!« zum »Book of the Month«. Damit beginnt die internationale Karriere als Satiriker.

1959 In diesem Jahr gründet Kishon sein eigenes Theater »Die grüne Zwiebel« in Tel Aviv, das er bis 1962 leitet. In dieser Zeit schreibt und inszeniert er acht abendfüllende Theaterstücke in Israel und im Ausland.

1963 Sein erster Film »Sallah oder Tausche Tochter gegen Wohnung« entsteht.

Sara, »die beste Ehefrau von allen«, Pianistin und Absolventin des weltberühmten New Yorker Juillard Konservatoriums

15

Danach produziert und inszeniert Kishon noch sechs Filmkomödien, für die er viele internationale Preise erhält.

1964 Geburt von Sohn Amir.

1968 Geburt von Tochter Renana.

1981 Kishon erwirbt sein Haus in Appenzell, Schweiz. Heimat und erster Wohnsitz bleibt aber weiterhin Israel.

Sohn Rafael wird Veterinärmediziner mit einem abgeschlossenen Studium in Deutschland.

Sohn Amir promoviert an der Yale Universität in Computerwissenschaft.

Tochter Renana wird erfolgreiche Grafikerin.

Sara, »die beste Ehefrau von allen« und Absolventin der Julliard School in New York, Pianistin, hat seit 1971 eine eigene Kunstgalerie in Tel Aviv.

1991 Geburt des Enkels Eyal alias Rudi.

1992 Zweiter Enkel Eran kommt zur Welt.

Ephraim Kishon gilt als der erfolgreichste Satiriker unserer Zeit.

Die Weltauflage seiner Bücher beträgt 39 Millionen, davon 27 Millionen in deutscher Sprache (Stand: August 1994).

Seine Bücher sind in 33 Sprachen übersetzt, zuletzt kamen Ausgaben in Chinesisch, Albanisch und Griechisch hinzu.

Weltweit sind Kishons »Familiengeschichten« der bestverkaufte Titel und ist, abgesehen von der Bibel, das meistverkaufte Buch in hebräischer Sprache.

Meine
Stunde Null

Wie schreibt man eine lustige Geschichte? Genauer gefragt: warum schreibt man sie? Die Antwort lautet: weil man einen Vertrag hat. Der humoristische Schriftsteller bezieht von einem der sogenannten Massenmedien - Zeitungen, Rundfunk, Fernsehen - ein bestimmtes Gehalt und muß dafür allwöchentlich einen erstklassigen humoristischen Beitrag liefern, spätestens Donnerstag um 9.30 Uhr. Soweit ist alles klar.

Das Problem des Lieferanten besteht nun darin, daß er nicht weiß, worüber er schreiben soll. Er besitzt jedoch ein kleines gelbes Notizbuch, in das er mit Hilfe eines Kugelschreibers die brillanten Ideen einträgt, die ihm - oder einem seiner Bekannten - plötzlich eingefallen sind. Wenn der Zeitpunkt der Ablieferung herannaht, beginnt der Humorist fieberhaft in seinem Notizbuch zu blättern und findet nichts. Deshalb bezeichnet man diesen Zeitpunkt als »Stunde Null«.

Was den Humoristen besonders erbittert, sind jene eilig hingekritzelten Einfälle, die er nicht mehr versteht. Ich, zum Beispiel, stoße in meinem Ideenfriedhof immer wieder auf rätselhafte Notizen wie: »Plötzliche Geburt, ungültig« oder: »Verzweifelt. Hohlkopf verfolgt Hund. Schweißperlen.« Es ist mir längst entfallen, was diese geheimnisvollen Inschriften bedeuten sollen. Ich habe keine Ahnung, warum und wozu ein Hohlkopf in längst vergangenen Tagen einen Hund verfolgt haben könnte.

Welch ein Beruf!

Nach dem Fiasko mit dem Notizbuch begebe ich mich auf die Jagd nach neuen, ergiebigen Einfällen. Die Jagd bleibt erfolglos. Mein Kopf ist leer. Er erinnert mich an den Hohlkopf. Was war mit dem? Ich weiß es nicht. Ich denke vergebens nach.

Kommt noch hinzu, daß mich ein unüberwindliches Schlafbedürfnis befällt, sowie ich mich hinsetze, um eine lustige Geschichte zu schreiben. Vermutlich handelt es sich hier um einen psychosomatisch-literarischen Müdigkeitskomplex oder dergleichen. Es beginnt im Kopf und breitet sich mit Windeseile bis zu den Zehenspitzen aus. Ich habe schon mehrere prominente Psychiater konsultiert. »Die Sache ist die«, so beichte ich ihnen, »daß ich nicht das geringste Bedürfnis verspüre, lustige Geschichten zu schreiben. Und zum Schluß schreibe ich sie trotzdem. Glauben Sie, daß ich krank bin?«

Die Psychiater sind sofort mit einer Erklärung zur Hand. Sie sagen, daß mir meine Mutter in meiner Kindheit einen Witz erzählt hat, den ich nicht verstanden habe, und daraus hat sich bei mir ein traumatischer Widerstand gegen jede Art von Humor entwickelt. Sagen sie. Aber auch das hilft mir nicht weiter.

Der Vorteil solcher Konsultationen besteht darin, daß man bequem auf einer Couch liegt und daß andere Menschen bzw. Mütter an allem schuld sind.

Übrigens veranstalte ich auch die Jagd nach lustigen Themen mit Vorliebe liegend. Das Blut strömt in diesem Zustand leichter und besser ins Hirn, besonders wenn man die Füße ein wenig hebt und den Kopf ein wenig senkt. Man braucht dann nur noch auf die Einfälle zu warten, die mit dem Blut ins Hirn strömen, und binnen kurzem schläft man ein.

Eine andere Lösung bietet der Schaukelstuhl. Man schaukelt sich halb blöd und hört zu denken auf. Sobald dieser Punkt erreicht ist, greife ich nach dem gelben Notizbuch und beginne zu blättern. Als Ergebnis verzeichne ich in den meisten Fällen zwei Drittel Arafat und ein Drittel Steuerreform.

Was war das für ein Hund? Und warum hat ihn der Hohlkopf verfolgt?

Ich begebe mich zur Hausapotheke und schlucke ein Aspirin. Dann öffne ich das Fenster, damit, wenn schon kein Blut ins Hirn, so doch etwas feuchte, heiße Luft ins Zimmer strömt. Dann spitze ich sorgfältig alle Bleistifte im Haus, wobei ich die Klinge des Bleistiftspitzers zweimal wechsle, um bessere Resultate zu erzielen. Während ich mir mit demonstrativer Langsamkeit die Nägel schneide, entdecke ich im Durcheinander auf meinem Schreibtisch eine kleine Schachtel. Ich öffne sie und zähle die darin befindlichen Büroklammern. Es sind 46. Ich esse ein Biskuit. Ich esse eine saure Gurke. Ich frage mich, was ich sagen wollte. Richtig: ich wollte eine lustige Geschichte schreiben. Aber worüber?

Es dunkelt. Kein Zweifel, daß diese Zeit sich nicht für schöpferische Arbeit eignet. Das ist ja überhaupt die Schwierigkeit mit dem Schreiben lustiger Geschichten: am Morgen ist man noch verschlafen, zu Mittag erfolgt die Nahrungsaufnahme, der Nachmittag eignet sich nicht zum Schreiben, und am Abend ist man müde. In der Nacht schläft man.

Wann soll ich also schreiben? Ich frage: wann?

Mit Riesenschritten naht die Stunde Null. Das leere Papier auf meinem Schreibtisch starrt mir anklägerisch entgegen. Ich muß mich konzentrieren. Ich muß, es geht nicht anders. Aber auch so geht es nicht. Was ist in der letzten Zeit geschehen? Was ist mit der Steuerreform geschehen? Und mit Arafat? Und wie komme ich auf den Gedanken, daß das lustig sein könnte?

Auf dem Fensterbrett liegt eine Fliege, lang ausgestreckt, die Füße ein wenig höher, den Kopf ein wenig tiefer. Sie denkt nach. Jetzt spitzt sie ihre Beine, obwohl sie um 9.30 Uhr keine lustige Geschichte abzuliefern hat. Ist es eine männliche oder eine weibliche Fliege? Oder ein Transvestit? Ich unternehme einen diskreten Erkundungsversuch, der zu nichts führt. Sodann beschließe ich, die Fliege zu ermorden. Es ist das erste interessante Ereignis des heutigen Tags. Zu dumm, daß ich schon mindestens ein Dutzend Geschichten über Fliegen geschrieben habe. Aber wenn ich's recht bedenke, habe ich im Verlauf meiner letzten 70 Lebensjahre schon über alles geschrieben, was es gibt.

Mir fällt ein, daß ich die Topfpflanzen gießen muß. Kein sehr zweckdienlicher Einfall, aber in Zeiten der Not darf man nicht wählerisch sein. Ich gehe ins Badezimmer, fülle ein Glas Wasser und gieße die Topfpflanzen. Und da ich schon bei der Behandlung von Pflanzen bin, gehe ich in den Garten und entferne drei verwelkte Blätter vom Hibiskusstrauch. Hierauf gehe ich ins Zimmer zurück, setze mich an den Schreibtisch und weiß nicht, was ich schreiben soll.

Leider bin ich Nichtraucher, sonst könnte ich jetzt zuviel rauchen. Nun, es gibt ja immer noch den Kaffee, wenn man sich unbedingt selbst vergiften will. Ich gehe in die Küche, koche einen sehr starken Kaffee und trinke ihn aus, ohne Milch und ohne Zucker. Dann warte ich auf die Ideen, die mit dem Kaffee in mein Hirn strömen müßten. Sie strömen nicht. Statt dessen werde ich nervös und merke, daß meine Hand zu zittern beginnt. Ich hole mir eine Flasche Bier und beruhige mich.

Vielleicht sollte ich etwas Politisches schreiben? Über Arafat? Als Fliegentöter?

Das Bier macht mich schläfrig. Ich brauche einen Sliwowitz, um wieder lebendig zu werden. Außerdem brauche ich eine Tablette gegen Herzflattern, eine Tasse Kakao und ein Glas Wasser, um die Topfpflanzen zu gießen. Ich will das Fenster öffnen, aber es ist schon offen. Ich höre ein paar alte Schallplatten und rufe ein paar alte Freunde an, um mich zu erkundigen, was es Neues gibt. Es gibt nichts Neues. Ich esse einen Pfirsich, ich esse einen überreifen Camembert, putze die andere Hälfte von meinem Hemd weg, möchte wissen, wie Käse hergestellt wird, schaue in der Enzyklopaedia Judaica nach und finde keinen Käse. Es ist eine Schande.

Nachdem ich noch einen Kaffee, noch einen Kakao und noch ein Bier getrunken habe, rasiere ich mich. Das macht mir den Kopf frei. Einem medizinischen Fachmann zufolge gibt es funktionelle Ersatzhandlungen fürs Schlafen. Wenn man beispielsweise ein reines, weißes Hemd anzieht, so hat das den gleichen Erfrischungswert, als ob man eine halbe Stunde geschlafen hätte. Eine kalte Dusche ersetzt eine volle Stunde, ein heißes Bad eine weitere, und eine Stunde Schlaf ist so gut wie zwei Stunden. Aber dazu habe ich jetzt keine Zeit.

Ich torkle in das Zimmer der besten Ehefrau von allen und frage sie, ob sie nicht zufällig eine Idee für eine lustige Geschichte hat.

»Warum?« murmelt sie schlaftrunken. »Wieso? Es gibt doch eine Menge von Themen...«

»Welche?« brülle ich. »Welche?!«

»Was weiß ich. Arafat.« Und sie schläft weiter.

Warum muß ich eigentlich eine lustige Geschichte schreiben? Wo steht es geschrieben, daß ich lustige Geschichten schreiben muß? In meinem Vertrag.

Die Stunde Null steht vor der Tür. Schon gut, schon gut. Ich reiße mich zusammen. Papier... Bleistift... Radiergummi... noch ein Bleistift... jetzt kann nichts mehr passieren. Alles ist vorbereitet. Die schöpferische Arbeit kann beginnen. Disziplin. Konzentration.

Der Hund war noch nicht draußen. Der Hund muß Gassi gehen. Aufatmend nehme ich Franzi an die Leine. Keine Eile, sage ich ihr. Laß dir Zeit, Franzi. Ich denke inzwischen darüber nach, was »Humor« eigentlich bedeutet. Die Wörterbücher behaupten, daß das Wort aus dem Lateinischen kommt und ursprünglich »Feuchtigkeit« bedeutet. Was soll das? Ich zum Beispiel habe einen trockenen Humor. Aber ich habe kein Thema.

Es ist Zeit, einen endgültigen Entschluß zu fassen. Ich entschließe mich deshalb für eine kalte Dusche. Das Wasser überschwemmt mich mit einer Flut von Einfällen. Leider, und ohne daß ich es beeinflussen könnte, kreisen sie alle um die farbige Figur des internationalen Ex-Playboys Gunther Sachs. Wahrscheinlich planscht der gerade an der französischen Riviera herum, in Gesellschaft wunderschöner Mädchen, die Füße ein wenig aufwärts, den Kopf ein wenig gesenkt. Ich hasse Gunther Sachs, reibe mir den Rücken mit einem rauhen Badetuch ab und trinke einen Sliwowitz. Jetzt ist es soweit. Endlich!

Schweißperlen. Wenn ich nur wüßte, was damals mit den Schweißperlen los war.

Die kalte Dusche hat, wie es ja auch ihre Aufgabe ist, mein Schlafbedürfnis gesteigert. Ich kann nicht weiter. Ein Glück, daß das Fernsehen jetzt bald die Nachrichten bringt. Vielleicht ergibt sich da etwas Brauchbares, Arafat oder so.

Wieder nichts. Ich bin um eine große Hoffnung ärmer. Und vom nachfolgenden Krimi ist noch weniger zu erwarten. Weniger als nichts. Genau das, was ich um 9.30 Uhr nicht abliefern kann.

Ich habe mir einen neuen, diesmal noch stärkeren Kaffee zubereitet, sehe nach, ob die Kinder schlafen, wecke sie auf, schimpfe mit ihnen, weil sie noch wach sind, gehe in mein Arbeitszimmer zurück, um zu arbeiten, erkundige mich bei der telefonischen Zeitansage nach der genauen Zeit, mit dem Summerton wird es null Uhr vierzig Minuten und fünfzehn Sekunden, um 9.30 Uhr muß ich abliefern, mein Kopf ist hohl, ich perle Schweiß, ich schwitze Perlen...

Und so, lieber Leser, entsteht eine lustige Geschichte. Es tut mir leid, Sie enttäuscht zu haben.

LESEPROBE AUS DEM BAND
»KAIN UND ABEL«

Nach dem Lachen sieht der Schrecken anders aus

Zu Besuch bei Ephraim Kishon
(4. Januar 1992)

Meine Annäherung an Ephraim Kishon beginnt - nicht nur räumlich - vielleicht schon auf dem Flughafen Frankfurt. Das Verhör durch zwei Damen der israelischen Flugsicherheit dauert 90 Minuten, System »Blaumilchkanal«, das Absurde als Lebensgesetz, Kishon hat es beschrieben, hier scheint man eifrig von ihm gelernt zu haben.

»Was wollen Sie in Israel?«

»Ephraim Kishon besuchen!«

»Warum?«

»Ich möchte mit ihm sprechen.«

»Worüber?«

»Über seine Bücher - und wahrscheinlich auch über seine Meinung zu bürokratischen Entartungen.«

»Was meinen Sie damit?«

Ich lächle sehr sanft. Die erste Dame verschwindet. Nach fünf Minuten kommt eine Kollegin.

»Was wollen Sie in Israel?«

»Kishon besuchen, mit ihm über seine Bücher und sein Verhältnis zu bürokratischen Entartungen sprechen!«

»Sind Sie mit ihm verabredet?«

»Ich hoffe, er ist nicht zu Hause«, sage ich.

»Was soll das denn bedeuten?«

»Dann bräuchte ich in Tel Aviv nicht zu arbeiten.« Die zweite Dame entschwindet, die erste kehrt zurück.

»Wer hat Ihren Koffer gepackt?«

»Meine Frau!«

»Warum?«

»Bei uns herrscht das Patriarchat!«

»Ich glaube, Sie können fliegen.«

Die Damen von der El Al sehen sofort, daß meine Laune eine Inspiration nötig hat: Ohne erst lange meine Wünsche zu erforschen, kredenzen sie mir ein Glas Sekt. Aber auch hier entkomme ich natürlich der Stereotyp-Frage nicht: Was machen Sie in...? Die Reaktion auf meine Antwort ist freilich verblüffend:

»Kishon besuchen? Ist der denn zu Hause?«

Da käme in Deutschland gar keiner drauf: Ist der Schriftsteller X denn zu Hause? Wieder ein Schritt näher zu Kishon - in seiner Heimat ist er ein Stück Öffent-lichkeit. Und jeder weiß es: Er ist oft nicht in Tel Aviv.

Selbst der Taxifahrer ist bestens im Bilde:

»Ja, eine Woche ist er daheim.«

Hat man in deutschen Zeitungen nicht immer wieder behauptet, Kishon werde in seiner Heimat nur vom Finanzministerium ernstgenommen?

Die halbstündige Fahrt von der Innenstadt zum Vorort Afeka, in dem Kishon ein Haus hat, kommt einem kino-haft vor. Streckenweise: Bremen, Stuttgart mit Palmen. Dann wieder Brüche: Orientalisch anmutende Bazare, bröckelnde, verfärbte Fassaden. Und wieder ein Stück vom System »Blaumilchkanal«: 500 Meter vom Hilton, am Mittelmeer-Strand, ein schwarzgelb miefendes Kraftwerk. Man muß ein Land sehr lieben, das man der

Satire anheimgeben kann. Und dann Afeka: Saubere, adrette Einfamilienhäuser zwischen Zypressen, Oleander und Wogen von Bougainvillea. Keine Selbstverständlichkeit in einer Region, in der Ocker die Landesfarbe sein könnte.

Der Seiteneingang durch die Garage in Kishons schmuckes, kleines Gärtchen wird gerade frisch betoniert - ein eilends darübergelegtes Brett verhindert in letzter Sekunde, daß meine Spuren bei Kishon von längerer Dauer sein können. Zwei winzige, zottige Malteser-Hündchen, deren Körpergröße sich umgekehrt proportional zu ihrer Lautstärke verhält, haben erkannt, daß ich ihrem Herrchen mit Sicherheit Böses tun will. Sie wären der Flugsicherheit zu empfehlen. Und während des ganzen Besuchs sind »Max« und »Linda« immer nur für begrenzte Zeit von der Harmlosigkeit des Besuchs überzeugt.

Das Wohnzimmer, in das zwei energische, rustikale Frauen mich führen, wirkt trotz der offenen Treppe ins Obergeschoß (»Herr Kishon diktiert oben noch!«) ein wenig düster. Obwohl es an diesem Vormittag nur mäßig warm ist, sind die Fenster gewohnheitsmäßig gegen starke Sonneneinstrahlung verhängt. Das dunkle, fast schwarze Holz der gradlinig geschnittenen Möbel gibt dem Raum eine spanisch anmutende Strenge, die auch von der beeindruckenden Bildergalerie an den Wänden - klassisch bis surrealistisch - wenig gemildert wird.

In die Betrachtung der Bilder versunken, bemerke ich nicht, daß Ephraim Kishon längst hinter mir steht.

»Ja«, sagt er noch vor jeder Begrüßung, »bei mir müssen die Maler malen können. Handwerk, aber keine Scharlatanerien! Was in der modernen Kunst vor sich geht, das ist noch nicht mal Zirkus, das ist Irrenhaus.

Jeder weiß es, keiner sagt es.«

Wer Kishon von Lesungen in Deutschland kennt oder von seinen Besuchen auf der Frankfurter Buchmesse, würde vielleicht etwas staunen. Nicht was Kishon hier sagt - das kennt man aus seiner Philippika »Picasso war kein Scharlatan« -, sondern wie er es sagt, das klingt anders. Die leicht näselnde Ironie, hinter der er sich sonst so gerne verbirgt, ist zumindest an diesem Morgen in Tel Aviv nicht zu hören. Er freut sich sichtlich, daß jemand aus Deutschland gekommen ist, um ihn auch mal an dem Ort auszufragen, den er immer so voller Nachdruck seine »wirkliche Heimat« nennt.

Aber schon übermannt ihn wieder des Satirikers Pflicht:

»Na, wie fühlen Sie sich in einem Land, in dem wirklich jeder Oberbürgermeister jüdischer Abstammung ist?«

Im Augenblick bewegt mich eine neue Kishon-Erfahrung. In dem dunklen, hochlehnigen Stuhl, im gedämpften Vormittagslicht, ohne Jackett und Krawatte sieht er auf eine bestimmte Art menschlicher aus. Die israelische Wirklichkeit, die er so oft sinnbildhaft dem Gelächter preisgab, ist hier zu nahe, zu »physikalisch«, als daß man ihr eine literarische Exotik abzugewinnen vermöchte. Vielleicht braucht selbst Kishon Distanz, um dieser Wirklichkeit nicht anheimzufallen. Vielleicht lebt er deswegen auch in der Schweiz, arbeitet er so oft in Deutschland, inszeniert er in New York, reist er seit jüngster Zeit im Ostblock umher. Ist es schwer, das Leben eines Satirikers zu führen?

»Vielleicht kann man überhaupt nur als Satiriker überleben. Das Leben ist von Grund auf absurd. Schon in der Bibel steht auf der zweiten Seite geschrieben, daß der Mensch schlecht sei von Geburt an. Ich weiß nicht, warum der liebe Gott das bereits auf der zweiten Seite vermerkt hat, aber jedenfalls sind die Menschen unglaublich schwache Geschöpfe. Jeder lügt, stiehlt und betrügt, wenn er glaubt, daß er nicht erwischt wird!«

»Auch Ephraim Kishon?«

»Auch Ephraim Kishon! Deswegen hasse ich die schwachen Menschen nicht, sondern verstehe sie. Ich hege zum Beispiel eine große Sympathie, ja, Anerkennung für Hochstapler, wenn sie gut, wenn sie klug sind. Ich verabscheue nur eines, und das sind Heuchler. Nein, ich habe viele schlechte Eigenschaften, aber ein Heuchler bin ich nicht.«

Oben, im 1. Stock seines Hauses gibt es ein Zimmer, da stehen neben vielen Kishon-Computern auch 680 Bücher von Kishon-Übersetzungen seiner 50 Werke in fast allen Weltsprachen. Gewiß, er ist schließlich in Deutschland der erfolgreichste ausländische Autor. Seine Stimme wird fast fröhlich, wenn er darüber spricht. Und was er sagt, könnte eigentlich alle Erfolglosen trösten.

»Man muß ein sehr dummer Mensch sein, wenn man glaubt, Talent und Fleiß wären alles. Die Welt ist voller talentierter, aber erfolgloser Schriftsteller. Ich sage Ihnen, ohne Glück gibt's keinen Erfolg.«

Mir fällt ein, daß dieser Sohn eines Budapester Bankdirektors einmal gesagt hat, Interviews mit deutschen Journalisten seien für ihn wie Duelle. Das macht befangen. Ich habe einige gelesen: Sie sind Kreuzverhöre von Staatsanwälten. Warum bist du nicht wie wir? Warum hast du soviel Erfolg? Warum bist du kein Intellektueller mit progressiver Grundhaltung?

Kein Wunder, daß Kishon sich für solche Fälle einen etwas arrogant klingenden Sarkasmus angewöhnt hat. In einem dieser Duell-Interviews ist zu lesen: »Ich habe keine Angst vor Terroristen, sondern vor Journalisten«.

Woher kommt diese Antipathie? Steckt nur jener Neid dahinter, den Fritz J. Raddatz einmal in den pseudowitzigen Satz gepreßt hat: »Es ist ja die Pest mit Ihnen, gibt's etwas, wo Sie nicht erfolgreich sind?« An dieser Stelle ist Kishon, der beste Jugendjahre in Hitlers und Stalins Todeslagern verbracht hat, dünnhäutig geworden - geblieben?

»Ich kann nur meine alte Formulierung wiederholen: Ich bin ein Produkt des Holocaust, ein Tourist aus der Hölle. Deswegen bin ich auch nicht das, was man in Deutschland einen Liberalen zu nennen beliebt. Ich stehe nämlich auf der Seite der Opfer, nicht der Mörder. Ich wiederhole auch das: Ich errege mich darüber, daß Mörder, braune wie rote, lächelnd mit zehn Anwälten vor Gericht stehen und ihre Hand zum Siegeszeichen erheben dürfen. Eine solche Demokratie muß verbessert werden. Das allerdings bringt mich in einen Gegensatz zur herrschenden deutschen Intellektuellen-Szene.«

Kishon hält inne, als ärgere er sich, daß ihm für Augenblicke die Gelassenheit abhanden kam. Aber diese Verletzung war es ja auch, die ihn zum Satiriker machte.

»Als Junge war ich blond, blauäugig, großgewachsen, athletisch. Germanischer als ich konnte man gar nicht aussehen. Hitler hätte erbleichen müssen. Ich habe gar nicht gewußt, daß es etwas bedeutet, Jude zu sein: Und plötzlich sollte ich wegen Nicht-Ariertums umgebracht werden. Das habe ich nicht begriffen. Da lag doch ein Wahnsinn drin. Wer eine solche abgründige Absurdität erlebt hat, der kann nur verrückt werden oder - Satiriker.«

Warum, da doch Israel seine neue Heimat ist, immer wieder diese Rückkehr nach Europa? Warum ist er, der 1945 nicht nach Amerika ging (was nahelag), sondern nach Israel auswanderte, wo er sich als Elektriker, Kfz-

Mechaniker und Schlosser durchschlagen mußte, zum Pendler geworden? Ist er am Ende doch dieser Ferenc Hoffmann geblieben, als der er 1924 zur Welt kam? Jetzt lächelt er sogar ein bißchen.

»Ich sage immer, Hebräisch sei die einzige Muttersprache, die die Mütter von ihren Kindern lernen. Aber auf mich trifft das nicht zu. Ich spreche Hebräisch besser als meine Söhne, die in Israel geboren sind. Und dennoch, geistig bin ich Mitteleuropäer geblieben. Es ist ganz einfach so, daß ich im Kindergarten andere Lieder sang als meine Frau und meine Kinder. Das ist geblieben. Aber natürlich bin ich zu zwei Dritteln Israeli. Israel ist das einzige Land der Welt, in dem die Juden keine Minderheit sind, in dem es keinen Antisemitismus gibt. Hier fühle ich mich sicher. Und deswegen komme ich jeden Monat mindestens einmal hierher zurück. Aber arbeiten kann ich besser in Europa.«

Und nach einem sinnenden Schweigen fügt er etwas hinzu, was wieder Verletzungen durchscheinen läßt:

»Vielleicht ist es ein Unglück, vielleicht aber auch ein Glück, wurzellos geworden zu sein.«

Und er betont, ein Israeli, kein Jude zu sein, zumindest nicht im religiösen Sinne:

»Man kann nur religiös oder ein Satiriker sein. Ich habe mich für das letztere entschieden.«

Aber ein gläubiger Mensch ist er dennoch. Atheismus bezeichnet er vehement als schlichte Dummheit. Und den Monotheismus (»Woher wissen wir eigentlich, daß die Entwicklung dahin ein Fortschritt war?«) als eine unbewiesene Erfindung. Und für einen Augenblick wird man wieder jener Verzweiflungen inne, die er so mühsam verbirgt, auch wenn ihm das manches Mißverständnis beschert hat:

»Wir dringen immer tiefer in die Geheimnisse der

Natur ein. Und je mehr wir erfahren, um so weniger verstehen wir. Mein Schachcomputer »Kishon Chester« löst in der Sekunde 70 000 Probleme. Mein Sohn, der das studiert hat, lacht mich aus. Es gibt, sagt er, Computer, die lösen in der gleichen Zeit zehn Milliarden Probleme. Wie soll man das begreifen? Wer hat das Universum in Gang gesetzt. Warum? Wozu? Und dann sehe ich diese Menschen, die halten eine Unterhose von Andy Warhol für etwas Großes. Oder zahlen 102 Prozent Einkommensteuer. Die menschliche Welt ist ein Luna-Park. Und der Mensch sucht Macht, Erfolg, viele Frauen. Er sagt, er will gut sein. Aber er will nur gut leben. Und wenn er andere dabei umbringt, ist ihm das völlig egal. Aber ich hasse den Menschen nicht, ich lache über ihn.«

Und vielleicht gehört auch das dazu: Schalom Ben Chorin hat über den Witz Kishons gesagt, er folge nicht mehr der Selbstironie des Unterlegenen, sondern sei die Emanzipation zum Lachen über den problematischen, aber immerhin israeleigenen Fortschritt. Kishon erweitert die Perspektive:

»Ich meine nicht nur die Israelis, ich meine die Menschen schlechthin.«

Vor der Wohnzimmertür kläffen die Hunde, daß man sein eigenes Wort nicht mehr versteht. Ein Augenblick der Annäherung löst sich in handfeste Wirklichkeit auf. Kishon bekundet mit seinem auch nach 40 Jahren Abwesenheit noch immer ungarisch singenden Deutsch, er werde die Hunde umbringen gehen. Die zärtliche Beruhigungs-Arie vor der Tür läßt freilich eher auf Gegenteiliges schließen.

Als der Hausherr zurückkommt, spielt er ein bißchen Theater mit der eigenen Rolle:

»Sehen Sie, lieber Freund, Satiriker haben ein hartes Leben. Sie schreiben das auf, was andere nur denken.

Damit macht man sich unbeliebt. Aber je älter ich werde, je mehr der Erfolgszwang hinter mir liegt, um so gröbere Sachen kann ich sagen. Mein Buch 'Kishon für Steuerzahler' zum Beispiel erklärt jedermann, daß die Einkommensteuer neben der Ehe das größte Fiasko der Menschheit ist. Sagen Sie mir: Wo betrügt man mehr - in der Ehe oder bei der Einkommensteuer? Aber ich werde bald aufhören zu schreiben. Mit meinen Schachcomputern verdiene ich ohnehin genug Geld.«

Natürlich erwartet er, daß der Besucher solches zurückweist. Sein Verleger, Herbert Fleissner (»Er hat 26 Millionen Bücher von mir verkauft, ohne einen Vertrag mit mir zu haben. Das sagt alles!«), und seine Lektorin, Brigitte Sinhuber (»Seit dem Tod meines Übersetzers Friedrich Torberg ist sie die Seele meiner Bücher!«), werden ihn schon überreden, wie sie ihn immer überredet haben. Aber Ernsteres klingt da dennoch mit:

»Gegen alles kann man nicht kämpfen.«

Es ist Mittag geworden. Kishon zieht sich um zum Essen. Wir fahren in die Innenstadt zu einem Thai-Restaurant. Frau Kishon kommt von ihrer Galerie (zeitgenössische israelische Kunst) herüber. Die Szene erinnert ein bißchen an Bonn. Alles ist übersichtlich, intim, fast privat. Man kennt hier einander. Aber es ist doch auch anders, das Einverständnis scheint größer. Frau Kishon, charmant, klug, energisch, immer präsent, beantwortet meine Frage, ohne daß ich sie gestellt habe:

»In Israel lebt man intensiver miteinander als anderswo. Die Menschen sind mehr aufeinander angewiesen. Selbst relativ Fremde nehmen einander stärker zur Kenntnis. Das ergibt ein angeregteres geistiges wie emotionales Klima.«

Und Ephraim Kishon, in Gedanken versunken, fügt, wie ein Credo seiner Bücher, hinzu:

»Nach dem Lachen sieht man auch die schrecklichen Dinge mit anderen Augen.«

So wappne ich mich mit Gelächter, als am Flughafen die lästige, aber für Perspektiven von kishonscher Art doch eher harmlose Fragerei wieder losgeht.

»Haben Sie Kishon getroffen?«

»Vielleicht.«

LOTHAR SCHMIDT-MÜHLISCH,
DIE WELT, 4. JANUAR 1992

Über Journalisten, Kritiker, über den Golfkrieg und Israel sowie die beste Ehefrau von allen

»Ich kenne keinen besseren Humoristen«, hat Kishon mal über sich gesagt. Tatsächlich ist es schwer, einen Vergleich in diesem Genre zu finden, und wenn einem doch einer einfällt, ist der betreffende Autor nicht so produktiv wie Kishon. Sogar seine Kritiker müssen ihm bestätigen: Er beherrscht einfach die Grundrechenarten des Humors. Die nutzt er für Kurzgeschichten, doch auch in Filmen und Theaterstücken.
(22./23. August 1992)

Frage: Bevor wir anfangen, muß ich Sie fragen, ob Sie Angst vor mir haben.

Kishon: Ich habe Hitler, Stalin und alle Theaterkritiker der Welt überlebt - warum soll ich da vor Ihnen Angst haben?

Frage: Sie haben es selbst mal gesagt: Ich habe keine Angst vor Terroristen, ich habe Angst vor Journalisten.

Kishon: Das ist wahr. Die sogenannte freie Presse setzt sich in letzter Zeit über jegliche Grenzen der Ethik hinweg. Da spreche ich gar nicht von mir. Denken Sie an diese arme königliche Familie in England: Die können nicht mal husten, ohne daß sofort in den Zeitungen steht, sie hätten AIDS. Und wenn die Prinzessin die Treppe herunterfällt, heißt es, sie wollte sich umbringen.

Frage: Und was ist Ihnen passiert?

Kishon: Ich erlebe es immer wieder, daß die Leute nur zu mir kommen, um ein Alibi zu haben. Sie schreiben aber, was sie wollen. Neulich war einer da und fragte: »Herr Kishon, ist es wahr, daß Sie sehr frustriert sind?« Ich antwortete: »Nein, im Gegenteil, ich fühle mich wunderbar, ich sehe keinen Grund, frustriert zu sein.« Aber was steht bereits in der Überschrift? Kishon: »Ich will nicht mehr leben«! Es ist also absolut unwichtig, was ich sage.

Frage: Sie waren jetzt in verschiedenen Städten der neuen Bundesländer. Wie werden Sie hier aufgenommen?

Kishon: Das ist wirklich eigenartig. Ich bin nun schon zum zweitenmal hier und hatte ursprünglich gefürchtet, daß mich sehr wenige Leute kennen. Ich war boykottiert. Erich hat verboten, daß ich herkomme.

Frage: Und erst in den achtziger Jahren ist etwas von Ihnen in der DDR erschienen.

Kishon: Ja, ein tapferer Lektor von »Volk und Welt« hat es gewagt, ein Buch von mir zu bringen. Das war die »Beste Ehefrau«, und weil es nicht verboten wurde, hat er noch den »Blaumilchkanal« gemacht. Allerdings mußte er auch in den Klappentext schreiben, daß ich ein schrecklicher Reaktionär sei. Das ist wohl einzig in der Welt, daß ein Verlag seine eigenen Autoren schlechtmacht. Beide Bücher erschienen nur in sehr kleinen Auflagen, so daß die Leser versuchen mußten, sie auf Umwegen zu bekommen. Aber jetzt erlebe ich, daß eine Sintflut von Leuten kommt, und alle haben im Westen gedruckte Bücher dabei - geschmuggelte Bücher, verstehen Sie? Das Interesse ist fast rührend. Nicht nur, weil so viele kommen, sondern weil die Leute eine so positive Einstellung, wenn nicht sogar Liebe ausstrahlen. Ich gehe immer mit jeder Menge Blumen nach Hause ... Es ist hier ein viel dankbareres Publikum als im Westen.

Frage: Nun sind in diesem lange geteilten Land zwei

neue Spezies Mensch entstanden, die auch den Kaba-rettisten viel Stoff geben: die Ossis und die Wessis. Haben Sie auch etwas davon bemerkt?

Kishon: Das ist nicht schwer zu bemerken. Und man muß nicht Historiker oder Psychiater sein, um zu verstehen: Die Westler sind unzufrieden, und die Ostler sind unzufrieden. Alle sind unzufrieden. Das ist eine sehr dumme Sache, weil es unvermeidlich ist. Diese Einheit war absolut nötig und absolut richtig. Wer da glaubt, weil er mehr Steuern zahlen muß oder noch sechs Monate arbeitslos ist, hätte man dies nicht tun sollen, der irrt gewaltig. Wenn sich die Ossis und die Wessis davon überzeugen wollen, daß die Einheit richtig war, dann sollen sie sich mal ansehen, wie die Italiener und Franzosen vor dem vereinigten Deutschland zittern.

Frage: Das ist ja nun kein Grund, stolz zu sein. Finden Sie eigentlich, daß das Verhältnis zwischen Israel und der Bundesrepublik jetzt neu bestimmt werden müßte?

Kishon: Unser Verhältnis ist schon besser geworden. Was man hier nicht weiß, ist: Deutschland ist eigentlich unser einziger Freund in Europa. Ein starkes Deutschland ist gut für Israel, deshalb freue ich mich sehr über diese Vereinigung.

Frage: Aber zurück zu Ihrem Land. In Israel hat sich durch die Regierung Rabin schon einiges geändert. Wie beurteilen Sie das?

Kishon: Ich halte das für eine sehr positive Wendung. Weil Rabin uns die Gewißheit dafür gibt, daß die Sicherheit Israels nicht geopfert wird. Wenn man über unser Land und die Palästinenser spricht, ist viel Falsches in Umlauf. Wir sind nicht gegen die Palästinenser, sie werden Frieden haben - das ist kein Problem. Aber ein Problem sind 21 arabische Staaten mit 200 Millionen

> Man muß nicht Historiker sein, um zu verstehen: Die Westler sind unzufrieden, und die Ostler sind unzufrieden.

Einwohnern auf einem Gebiet zweimal so groß wie Europa, deren einziger Wunsch es ist, Israel zu vernichten. Die ihren gesamten Reichtum, den sie durch das Öl bekommen, nur benutzen, um Waffen zu kaufen.

Frage: Ich hatte angenommen, Sie würden Yitzhak Rabins Politik nicht befürworten...

Kishon: Weshalb? Sie haben sicher irgendwo gelesen, ich sei ein fanatischer Chauvinist.

Frage: Stimmt. Das sollen Sie sein.

Kishon: Nein, ich habe keinen Grund dafür. Ich bin nicht für den biblischen Traum eines großen Israels. Denn er ist nicht realisierbar. Es wäre sehr schön, ein solches Imperium zu haben. Aber wir können so nicht leben, gegen so viele Araber. Und die Tatsache, daß auch die Araber jetzt zu einem Kompromiß bereit sind, hat einen bestimmten Grund. Die so gescholtenen Siedlungen nämlich haben die Araber an den Verhandlungstisch gebracht. Weil sie gemerkt haben, die Zeit arbeitet nicht für sie.

Gegen den Krieg zu sein, ist Heuchelei. Wie soll ich mich verteidigen? Beten oder was?

Frage: Stimmt es, daß Ihre Frau Palästinenserin ist?

Kishon: Sie ist in einem Staat geboren, der Palästina genannt worden ist. Aber sie ist eine Jüdin. Ihre Eltern sind schon dort geboren; nur ich bin der bloody foreigner.

Frage: Haben Sie manchmal bei einem Streit mit Ihrer Frau um Ihren Ruf gefürchtet? Schließlich ist sie in Ihren Büchern die beste Ehefrau der Welt...

Kishon: Die offizielle Definition heißt: die beste Ehefrau von allen.

Frage: Sie wären Lügen gestraft worden, wenn Sie sich von der besten Ehefrau von allen getrennt hätten!

Kishon: Tatsache ist: Die Ehe ist eine sehr heuchlerische Institution. Aber Fakt ist auch: Ich bin mit dieser

Frau 33 Jahre verheiratet. Punktum. Ich schätze sie sehr, sie schätzt mich sehr. Sie ist eine selbständige Frau, die sehr erfolgreich eine Galerie führt. Wir haben zwei Kinder, ich habe einen dritten Sohn aus meiner ersten Ehe, da war ich mit einer Wienerin verheiratet. Das ändert meine Meinung über die Institution Ehe nicht. Aber meine ist eine Ausnahme.

Frage: Was arbeiten Ihre Kinder?

Kishon: Dr. Rafael Kishon ist Tierarzt, Dr. Amir Kishon ist Computerspezialist. Meine liebste Tochter Renana ist mit einem Rechtsanwalt verheiratet, und selbst ist sie Grafikerin und rothaarig.

Frage: Sie schreiben also alle drei nicht? Sind Sie darüber traurig?

Kishon: Doch, Rafael schreibt kleine Gechichten über Tiere für Kinder und ist deswegen sehr beliebt in Israel. Aber ansonsten haben sie Gott sei Dank normale Beschäftigungen und nicht diese unmenschliche Sache, daß man ein ganzes Leben lang in einem dunklen Zimmer sitzt und kleine Buchstaben schreibt - und noch dazu gegen den internationalen Verkehr: von rechts nach links. Ich komme, wie Sie wissen, aus Ungarn und habe dort schon einiges veröffentlicht. So habe ich 25 Jahre von links nach rechts und dann 25 Jahre von rechts nach links geschrieben.

Frage: Mittlerweile schreiben Sie ja auch auf deutsch, wahrscheinlich, um wieder die Richtung zu wechseln.

Kishon: Na ja, Englisch kann ich besser. Aber seit »Picasso war kein Scharlatan« habe ich alle meine Bücher selbst auf deutsch geschrieben, weil vor dreizehn Jahren Friedrich Torberg, mein großer Übersetzer, gestorben ist.

Frage: Haben Sie keinen anderen gefunden?

Kishon: Einen anderen gibt es nicht. Ich wollte mir

diese Anstrengung ersparen, aber die anderen Versuche waren unbrauchbar. Die Leser hatten sich gewundert, ob die Geschichten von mir stammen, so langweilig und humorlos gerieten sie. Ich übersetze nun selbst, in eine Sprache, die ich nur aus den Übersetzungen meiner eigenen Bücher gelernt habe.

Frage: Eigentlich müßten Sie noch Japanisch lernen, um auch von oben nach unten schreiben zu können.

Kishon: Es war genug für mich, Hebräisch zu lernen. Ich habe keine graue Zelle mehr frei dafür - sie sind alle beschäftigt.

Frage: In Ihrem Alter stünde Ihnen eigentlich Rente zu, und Sie haben früher selbst angedeutet, Sie wollten sich mit sechzig zurückziehen.

Kishon: Ich habe mich zurückgezogen. Als ich 60 wurde, habe ich aufgehört, meine tägliche Kolumne für »Maariv«, die größte israelische Tageszeitung, zu schreiben. Also habe ich mich zur Ruhe verurteilt; nur arbeite ich seither mehr denn je. Es kommen so viele Angebote, wie ich sie im Leben nicht hatte.

> **Als ich 60 wurde, habe ich mich zur Ruhe verurteilt, nur arbeite ich jetzt mehr denn je.**

Frage: Wie arbeiten Sie eigentlich: Müssen Sie streng recherchieren?

Kishon: Ja, ich habe zum Beispiel das Theaterstück »Es war die Nachtigall« verfaßt. Dafür mußte ich alle Werke von Shakespeare durchwühlen. Ich habe mich auch mit Shakespeares Biographie beschäftigt, weil er Teilnehmer dieser Vorstellung ist. Natürlich müssen wirklich gute Sachen sehr gut vorbereitet sein und sehr viele Male korrigiert werden.

Frage: Sie sagen, Sie arbeiten immer weiter, weil Sie immer mehr Aufträge bekommen. Könnten Sie nicht einfach sagen: Schluß, ich höre auf! und sich ein schönes Leben gönnen?

Kishon: Das »Stop the music« wird kommen, wenn meine Leser mir eine Andeutung geben: So, mein Lieber, genug. Wir sind satt von dir. Dann werde ich mit großer Freude aufhören. Aber die Tatsache, daß die Bücher sovieltausendmal gekauft werden, ist ein moralischer Druck für mich. Im Moment erlebe ich eine Renaissance im Ostblock. Die Leser dort entdecken mich jetzt erst. So bin ich in Jugoslawien inzwischen bekannter als in Deutschland; ich habe ungefähr 15 Bücher in serbokroatisch und slowenisch veröffentlicht.

Frage: Vielleicht haben Sie ein Wundermittel in der Hand, oder wenigstens eine Idee, wie dort die Völker zur Ruhe kommen könnten?

Kishon: Nein. Das ist ein alter, alter Haß. Die Serben wurden im Zweiten Weltkrieg von den Deutschen ohne Provokation angegriffen, die Kroaten haben mit den Nazis mitgemacht und die Serben abgeschlachtet. Der Haß ist begründet, weil die Kroaten wirklich ein Nazi-Land waren, wo die grausamste Judenverfolgung geschehen ist. Die Serben haben den Juden geholfen, sie haben sie versteckt. Aber die Serben sind heute nicht nur gute Soldaten, sondern augenscheinlich auch sehr wilde Soldaten.

Frage: Da ist Satire machtlos?

Kishon: Ja. Wo die Kanonen sprechen, schweigt die Muse. Satire hat dort nichts zu suchen.

Frage: Die meisten Texte über Sie beginnen damit, daß Sie schon soundsoviel Bücher und in soundsoviel Millionen Auflage veröffentlicht haben. Schmerzt es Sie, daß sie nicht eher anfangen mit: Solche Humoresken wie Kishon schreibt kein anderer?

Kishon: Also, ich setze doch nicht diese Sachen in die Zeitungen. Oft fragt mich ein Journalist, wie hoch meine Auflage sei, und ich antworte: »Warum ist das so wichtig?« Dann sagt er: »Sind es 12 Millionen?« Und ich antworte natürlich: »38!« Er schreibt es später so auf, als hätte ich es zuerst gesagt.

Frage: Sie lesen's wahrscheinlich auch ganz gern.

Kishon: Warum nicht? Soll ich mich dafür schämen, daß ich in so vielen Sprachen erscheine?

Frage: Mich interessiert da eher, ob das Ihr Selbstbewußtsein als Schriftsteller kränkt?

Kishon: Das ist richtig. Ich habe gerade in einem Vorwort geschrieben: Niemand sagt über Pavarotti : »Er ist ein Erfolgssänger« oder über Dali, daß er ein Erfolgsmaler ist. Aber man beneidet mich ein bißchen um den Erfolg. Dann aber zu erklären, daß dies daran liegt, weil ich so gute Bücher schreibe, möchte man nicht. Also schreibt man: Er ist ein Erfolgsschriftsteller, im Gegensatz zu anderen möchte er hohe Auflagen und viel verdienen.

> **Rezensionen meiner Arbeiten lese ich mit Interesse. Doch wer für Kritiker schreibt, muß eine sehr kleine Auflage haben.**

Frage: Lesen Sie die Kritiken, die über Ihre Bücher und anderen Arbeiten geschrieben werden? Gibt es da Urteile, die Sie akzeptieren können?

Kishon: Man muß zwischen den Sparten unterscheiden. Eine schlechte Theaterkritik kann wirklich schaden. Wenn der Rezensent schreibt, die Hälfte des Publikums sei gelangweilt in der Pause gegangen, dann geht man nicht in das Stück. Literaturkritik dagegen ist eine familiäre Angelegenheit. Sie wird nur von den Redakteuren, Autoren und Verlegern gelesen. Auf den Leser der Bücher hat sie wenig Wirkung. Und Filmkritiken kommen in der Regel zu spät. Heutzutage kommt ein Film mit 1 000 Kopien heraus, und in der ersten Woche entscheidet das Publikum über den Kassenerfolg.

Ich lese die Kritiken meiner Arbeiten mit Interesse.

Manchmal spüre ich dabei einen persönlichen Unterton - nun, die meisten Theaterkritiker sind verhinderte Theaterautoren... Aber wer für die Kritiker schreibt, muß eine sehr kleine Auflage haben.

Frage: Sie haben ja neben den Kurzgeschichten und Theaterstücken auch Hörspiele und sogar eine Oper verfaßt, sieben Filme gedreht... Was machen Sie eigentlich am liebsten?

Kishon: Am liebsten? Nichts!

Frage: Glaube ich nicht.

Kishon: Wirklich! Ich stehe unter solchem Zeitdruck, daß ich gar nicht vor meinen Erfolgen flüchten kann. Ich komme zu keinem Ende. Dabei hätte ich sehr gern mehr Zeit zum Lesen, zum Spielen; ich bin ein sehr guter Billardspieler und bin im Schach schon gegen Kasparow und Karpow angetreten.

Frage: Was wünschen Sie sich persönlich?

Kishon: Für den Rest meines Lebens möchte ich einfach gesund und reich sein. So. Und jetzt können Sie mich verachten.

CORNELIA GEISSLER,
BERLINER ZEITUNG, 22./23. AUGUST 1992

Nein, zur Messe geh ich nicht!

Die Frankfurter Buchmesse hat sich im Lauf der Jahre zu einer der imposantesten Veranstaltungen der gesamten Kulturwelt entwickelt. Sie bietet vielen Tausenden von Verlegern, Managern, Agenten und sonstigen Kulturträgern Gelegenheit, miteinander Geschäfte zu machen, sie fördert das Ansehen der Stadt Frankfurt, sie bringt eine Reihe wirtschaftlicher Vorteile mit sich, sie steigert den Umsatz der Hotels, sie ist gut für das Gastgewerbe. Schlecht ist sie nur für die Schriftsteller.

Mir zumindest hat sich dieser Eindruck nach einer Führung durch die mit Büchern vollgestopften Messehallen unweigerlich aufgedrängt. Bücher, Bücher überall, Bücher, wohin man blickt, Bücher, wohin man tritt. Begabte Jungschriftsteller benötigen, um aus diesem Labyrinth wieder herauszufinden, ungefähr zwei Tage, Schriftsteller mittleren Alters schon drei bis vier, und Autoren über 60 schaffen es nie. Sie stürzen beim Versuch, einen der hohen Bücherberge zu erklettern, ab und werden von der eigens hierfür bereitstehenden Rettungsmannschaft geborgen.

Obwohl die Phantasie zu den fundamentalen Voraussetzungen literarischer Schöpfung gehört, reicht sie bei keinem Autor bis zu der Vorstellung, daß es außer seinen eigenen Büchern so viele andere gibt. Zuerst verblüfft ihn das, dann deprimiert es ihn, und wenn er sich nach mehrstündiger Wanderung durch diesen kulturellen Supermarkt immer noch vor den Ständen der ameri-

Signierstunde in Prag
1991, auch ohne Stuhl

kanischen Verlagshäuser befindet, möchte er das Schreiben am liebsten aufgeben.

Vor diesem folgenschweren Schritt bewahrt ihn nur sein hohes sittliches Verantwortungsgefühl der Umwelt gegenüber. Denn er hat sich jahrelang in der Überzeugung gewiegt, eine exklusive Tätigkeit auszuüben und mit seiner schöpferischen Arbeit einem heiligen Dienst an der Menschheit zu obliegen, für den nur wenige Begnadete auserwählt sind. Auf der Buchmesse muß er zur Kenntnis nehmen, daß die Zahl dieser Auserwählten in die Hunderttausende geht. Erinnern Sie sich an die erschreckenden Menschenmassen, die während des Endspiels der Fußball-Weltmeisterschaft das Stadion bevölkert haben? Es waren lauter Schriftsteller! Und fügt man noch alle Verleger, Buchhändler, Setzer, Korrektoren, Drucker und Buchbinder hinzu, die es dem Schriftsteller ermöglichen, sie zu erhalten, dann beläuft sich die erreichte Gesamtzahl ungefähr auf ein Viertel der Menschheit.

Die Buchmesse informiert den Schriftsteller auch darüber, daß allein in Deutschland allmonatlich 140 neue Bücher auf den Markt kommen, also mehr als vier an jedem Tag. Ein schöner Ausstoß, nicht wahr? Aber die Wirklichkeit ist noch schöner. In Wirklichkeit erscheinen diese 140 neuen Bücher nicht monatlich, sondern täglich. Ich wiederhole: täglich 140 neue Bücher. Alle zehn Minuten ein neues deutsches Buch. Alle zehn Sekunden ein neues Buch in der Welt. Während der Schriftsteller über seinem neuen Manuskript einmal niest, sind in der Welt drei Bestseller geboren.

Was diese Bestseller betrifft, so war ich bisher der Meinung, daß die Bibel und »Tarzan, Sohn der Wildnis« den Bestseller-Rekord aller Zeiten halten. Aus den Informationen der Buchmesse geht jedoch hervor, daß der

Welt-Bestseller das Logarithmenbuch ist, das mit den schön geordneten Tabellen. Ich habe mir vorgenommen, ein humoristisches Logarithmenbuch zu schreiben. Man muß mit der Zeit gehen.

Im übrigen bestätigt die rätselhafte Fruchtbarkeit, mit der sich die Bücher unablässig vermehren, eine meiner privaten Erfahrungen: Nach jeder Säuberung meiner Hausbibliothek besitze ich mehr Bücher als zuvor. In diesem Jahr habe ich bereits drei Reinigungsaktionen durchgeführt, denen allerlei gelbe Enzyklopädien, überflüssige Romane und aufgedunsene Sachbücher zum Opfer fielen - und am Ende war in den Regalen für die verbliebenen Bücher kein Platz mehr. Sie vermehren sich wirklich wie die Kaninchen, diese Bücher. Wenn man alle auf der Frankfurter Buchmesse vorhandenen Exemplare aufeinanderschichtet, immer eins auf das andere, würde der Bücherturm bis zum Mars reichen und von dort als Science Fiction zurückkommen.

Die Sache hat auch einen persönlichen Aspekt. Wie alle meine egozentrischen Kollegen lebte ich jahrelang in der Hoffnung, daß meine Kinder auf ihren Schriftsteller-Vater stolz sein würden. Seit ich einmal die Frankfurter Buchmesse besucht habe, komme ich mir vor wie jener Teilnehmer der früheren Mai-Parade auf dem Roten Platz in Moskau, dessen kleiner Sohn auf der Tribüne steht und seinem Freund begeistert zuruft:

»Dort marschiert mein Vater! Der 47. von rechts in der 138. Reihe!«

Nein, ich komme nie wieder zur Frankfurter Buchmesse. Ich lege keinen Wert darauf, den Bücherberg zu sehen. Wenn er unbedingt will, soll der Berg zu Mohammed kommen. Mohammed bleibt zu Hause.

LESEPROBE AUS DEM BAND
»KISHONS BESTE REISEGESCHICHTEN«

DAS NEUE
GUINNESS BUCH DER REKORDE

Ephraim Kishon im »Guinness Buch der Rekorde«

»Meistgenannter Autor in den deutschen Bestsellerlisten der letzten sechs Jahre ist indessen der Israeli Ephraim Kishon (*23. August 1924).«
GUINNESS BUCH DER REKORDE 1981

ULLSTEIN

Seit fast 30 Jahren
ein erfolgreiches
Triumvirat: Ephraim
Kishon mit seinem
Verleger Dr. Herbert
Fleissner (links) und
Rudolf Angerer, der
die Bücher von
Ephraim Kishon lie-
bevoll illustriert.

Meine erste Begegnung
mit Dr. Herbert Fleissner

Die meisten Leute sind der Ansicht, daß zwischen Verleger und Autor ein Verhältnis wie zwischen Vater und Sohn besteht, oder mindestens wie zwischen Onkel und Neffe. Man wird darum verstehen, daß ich etwas verwirrt war, als ich meinen »Onkel« traf und feststellte, daß er um einige Jahre jünger war als ich

1967

- gerade so alt, wie ich selbst gern noch einmal wäre.

Wir sahen uns zum ersten Mal in München. Der neue Chef des Langen Müller Verlags und seine bezaubernde Frau empfingen mich überaus herzlich und trafen auch sonst keine Anstalten, sich wie Respektspersonen aufzuführen. Eine gute Fee hat Dr. Fleissner mit dem Geschenk ewiger Jugend und einigen anderen bemerkenswerten Gaben bedacht: mit einem wachen Verstand, der Zunge des geborenen Redners und einer nadelspitzen Nase. Das einzige, was seinem Äußeren den Anstrich von Gesetztheit verleiht, ist die Gelehrtenbrille, ein auffallender Kontrast zu den lebhaften Augen.

Zu unserem Treffen kam er geradewegs vom Steuer seines Autos, in dem er soeben die Entfernung Wien-München ohne Aufenthalt hinter sich gebracht hatte. Er zeigte keinerlei Anzeichen von Ermüdung. Später wurde mir klar, daß er überhaupt nie müde wird, eine sehr anstrengende Eigenschaft für Leute, die mit ihm zu tun haben.

Bald war mir auch klar, daß unsere Antennen auf die

gleiche Wellenlänge eingestellt waren. Ich muß gestehen, daß ich Dr. Fleissners jugendliches Alter besonders wohltuend empfand, weil es uns erlaubte, die unerquickliche Vergangenheit aus unserer Beziehung auszuklammern und unsere Gedanken gemeinsam einer rosigen Zukunft zu widmen.

In gewisser Hinsicht war ich anfangs etwas skeptisch. Er zeigte einen so gesunden Sinn für Humor, daß ich mich fragte, ob ich da wirklich einen waschechten Verleger vor mir hatte. Wir beide haben wirklich viel Gemeinsames außer dem Humor und der Brille: er genießt wie ich das Leben, hat eine Schwäche für schöne Möbel, liebt ausgedehnte Reisen, kleine Kinder, große Umsätze und sein Heimatland.

Dieser letzte Punkt war dann Gegenstand eines offenherzigen Gesprächs. Dr. Fleissner stimmte mir dankbar zu, als ich sagte, daß jeder Mensch, sogar ein deutscher Verleger im zwanzigsten Jahrhundert, das Recht habe, sein Vaterland zu lieben. Der Schreiber dieser Zeilen findet sich oft in scharfe Diskussionen mit jungen deutschen Intellektuellen verwickelt, die ihr Volk und ihr Land  verachten, und er glaubt, daß man es sich zu leicht **1992** macht, wenn man auf diese Weise die Probleme zu lösen versucht. So paradox das im Munde eines jüdischen Schriftstellers klingen mag, aber ich habe bisher immer und mit allen mir zu Gebote stehenden Mitteln der Beredsamkeit versucht, meine deutschen Freunde davon zu überzeugen, daß man unmöglich ohne festen Wohnsitz leben kann; daß man sein Herz nicht der ganzen Welt schenken kann, weil einen sonst auf der ganzen Welt kein Mensch mehr ernst nimmt; und daß man seine Kräfte am besten darauf verwendet, im eigenen Hause Ordnung zu schaffen. Ich glaube, man nennt das Chauvinismus. In Dr. Fleissner habe ich einen glühenden Mitstreiter gefunden.

Aah - sagte mein Verleger -, endlich einmal jemand, der mich versteht...

Seit Menschengedenken streiten sich Verleger und Autoren darüber, wer eigentlich wessen Sklave ist. Während der Verleger faul in seinem Sessel lehnt, arbeitet der Schriftsteller fieberhaft und verbissen an seinem Meisterwerk. Seinerseits kann es sich der Autor dann gemütlich machen, wenn der Verleger in rasender Eile das besagte Meisterwerk druckt und verkauft. Seit Dr. Fleissner den ehrwürdigen Langen Müller Verlag übernommen hat, gilt dieses uralte Gesetz nicht mehr, und der Schreiber dieser Zeilen sieht sich schon zu neuer Arbeit verdammt, während seine Bücher noch gedruckt werden. Ich erwähne das deswegen, weil man daraus lernen kann, daß Vorsicht am Platze ist beim Umgang mit jungen Verlegern, insbesondere solchen, die, wie oben erwähnt, nie müde werden.

PS.: Diesen Text habe ich vor knapp 30 Jahren niedergeschrieben und es hat sich bis heute fast nichts geändert. Dr. Fleissner wird nach wie vor nicht müde, und der Verleger denkt auch heute noch über den Titel des nächsten Buches bereits nach, während das aktuelle gerade gedruckt wird.

Fast nichts, habe ich gesagt? Na, vielleicht sollte man das Adjektiv »jung« vor dem Verleger und vor meinem Namen doch durch »rüstig« ersetzen...

EPHRAIM KISHON 1994

Preise und Auszeichnungen

1953   Israelischer **Nordau Preis** für Literatur

1958   Israelischer **Sokolov Preis** für hervorragende
journalistische Leistungen

1964   Drei israelische **Kinor David Preise** für den
Film »Sallah oder Tausche Tochter gegen
Wohnung«:
Bestes Drehbuch
Beste Schauspielerin
Bester Schauspieler

1964   Nominierung von »Sallah« für den **OSCAR,**
Hollywood:
Bester ausländischer Film

1964   Zwei **Golden Gates** beim internationalen Film
Festival, San Francisco, für »Sallah«:
Bestes Drehbuch
Beste schauspielerische Leistung

1965   Zwei **Golden Globes,** Hollywood, für »Sallah«:
Hervorragender ausländischer Film 1964
Beste schauspielerische Leistung

1965   **American Distributors' First Price** für »Sallah«:
Beste ausländische Regie

1966   **Viennale** Auszeichnung des Festivals of Gaiety
für »Sallah«

1969   **XI. Semena International de Cine en Color** für
den Film »Der Blaumilchkanal«:
Hervorragender ausländischer Film

1969   Nominierung von »Der Blaumilchkanal« für
den **Golden Globe,** Hollywood:
Bester ausländischer Film

1970   **Preis des Israelischen Rundfunks** für das
Hörspiel »Gott Pomeranz«

1970	Israelischer **Herzl Preis** für Literatur
1970	Israelischer **Jabotinsky Preis** für das Buch »Pardon, wir haben gewonnen«
1971	Mention special de la critique international für »Der Blaumilchkanal« auf dem **Festival International de Télévision,** Monte Carlo
1971	**XIII. Semena International de Cine en Color Preis** für »Schlaf gut, Wachtmeister«: Hervorragender ausländischer Film
1971	Israelischer **Kinor David Preis** für »Schlaf gut, Wachtmeister«: Bester Schauspieler
1972	**Golden Globe,** Hollywood, für »Schlaf gut, Wachtmeister«: Hervorragender ausländischer Film 1971
1972	Nominierung von »Schlaf gut, Wachtmeister« für den **OSCAR:** Bester ausländischer Film
1972	**Cine del Duca Award** des Festival International de Television, Monte Carlo, für »Schlaf gut, Wachtmeister«: Beste Produktion
1972	**Gold-Medaille** des International Film Festival, Atlanta, für »Schlaf gut, Wachtmeister«
1976	Das **Goldene dtv-Taschenbuch** für eine Million verkaufte Taschenbücher des Titels »Drehn Sie sich um, Frau Lot!«
1977	**Doctor Humoris Causa,** Karneval Mainz
1978	Orden **Wider den tierischen Ernst,** Aachen
1979	**Preis des Präsidenten** der Universität Tel Aviv
1980	**Till Eulenspiegel Preis,** Hamburg
1981	**Recherche de la Qualité Ordre de St. Fortunat** für literarische Leistungen, Mainz

1981 **The Noble Price** der Association for the
Promotion of Humour in International Affairs,
»Aphia«, Paris

1984 **International Scientific Community Preis in
Humorology** für den Beitrag zum Welthumor
anläßlich des Fourth International Congress of
Humour, Tel Aviv

1984 **Yocheved Neumann Preis,** Jerusalem, für
literarische Leistungen

1984 **Die Goldene Kamera**, Berlin, für hervorragende
Fernsehfilme

1984 **Shalom Aleichem Literary Preis,** Tel Aviv

1985 **Karl Valentin Preis,** München

1988 **Euro Culinaria Medaille Preis** vom Orden
Cordon bleu de Saint Esprit für literarische
Leistungen

1988 **Das Goldene Schlitzohr,** Mülheim, für die
Verbreitung des Humors

1990 **Doctor Humoris Causa**, Carnevaluniversität
Saarbrücken

1990 **Doctor Philosophiae
Honoris Causa** 1989,
Universität Tel Aviv

1990 **Tel Aviv Municipality
Preis**

1993 **Bundesverdienstkreuz
1. Klasse,** Bonn

1993 **OSCAR** der israelischen
Filmakademie, Tel
Aviv, für das Lebenswerk

Am 6. Oktober 1993 erhielt Ephraim
Kishon aus der Hand des Bundes-
kanzlers das Bundesverdienstkreuz
1. Klasse. Helmut Kohl: »Seit vielen
Jahren zählen Sie - nicht nur in
Deutschland - zu den beliebtesten
literarischen Repräsentanten Ihres
Landes. Die Leser Ihrer satirischen
Werke spüren, daß Sie die Unzuläng-
lichkeiten in unserer Gesellschaft
nicht einfach nur entlarven wollen.
Vielmehr zeigen Sie ihnen beispiel-
haft, auf welche Weise sie mit
menschlichen Schwächen und Fehlern
umgehen können: mit Nachsicht und
Humor. Diese Haltung macht das
Miteinander um vieles leichter.«

Theaterstücke
von Ephraim Kishon

1953	Der Schützling
1956	Schwarz auf Weiß
1959	Der Trauschein
1960	Kein Wort zu Morgenstern
1961	Sie und Er
1968	Zieh den Stecker raus, das Wasser kocht
1972	Es war die Lerche
1988	Sallah Shabbati
1989	Es war die Nachtigall
und...	25 Einakter

Kishon inszeniert sein Shakespeare-Stück »Es war die Lerche«

Von Ephraim Kishon geschriebene und inszenierte Filme

1963	Sallah oder Tausche Tochter gegen Wohnung
1968	Erwinke
1971	Der Blaumilchkanal
1974	Schlaf gut, Wachtmeister
1975	Lieben Sie Kishon? (Serie mit 36 Folgen)
1978	Der Fuchs im Hühnerstall
1984	Der Trauschein
1987	Zieh den Stecker raus, das Wasser kocht

Kishon-Verfilmung »Zieh den Stecker raus, das Wasser kocht«, 1986 mit Ursela Monn, Herbert Bötticher, Friedrich Karl Praetorius und Wolfgang Kieling. Regie Ephraim Kishon

Sein Konterfei
ziert selbst
Hundertmarkscheine

E ine Banknote ist eine Banknote - möchte man
meinen. Es gibt aber auch noch die Danknote.
Und die ziert das Konterfei von Satiriker Ephraim
Kishon. Lächelnd blickt er aus der Ecke, schielt auf
Schekel und D-Mark. Grund: Kishon hat allein in
Deutschland bis jetzt 25 Millionen Bücher verkauft.
Anlaß für Verleger Herbert Fleissner, ganz flott falsche
Hunderter in Umlauf zu bringen.

Diese Werbekampagne für das im Herbst erscheinen-
de Buch »Kishon für Steuerzahler. Eine satirische
Bilanz« könnte ins Auge gehen... Laut Falschgeldstelle
des Landeskriminalamtes müssen Blüten bei der

Bundesbank angemel-
det werden, müssen
entweder doppelt so
groß oder halb so klein
sein... Vom Verlag gibt
es noch keine Stellung-
nahme. Es könnte sein,
daß die ganze Geschichte zum Eigentor wird, und dann
kann sich Kishon aus seinem neuen Buch selbst zitieren:
»Was bleibt ihm in dieser hoffnungslosen Lage übrig, als
den Kinderwagen als Firmenfahrzeug anzumelden, die
Firma auf seine Frau umzuschreiben, die Gattin gegen
Feuer zu versichern und sie anzuzünden...«

CLAUDIA THEURER,
ABENDZEITUNG, MÜNCHEN, 27. JUNI 1991

Die beste Ehefrau von allen

Frau Kishon? Genau. Das Gespräch mit einer Lebensgefährtin, die einiges aushalten muß. (8. Oktober 1993)

SZ-Magazin: Wie fühlt man sich als beste Ehefrau von allen?

Sara Kishon: Eigentlich bin ich das gar nicht. Ich kann nicht kochen. Ich bin nicht unterwürfig. Keine japanische Geisha. Aber für Ephraim war ich wohl immer die beste Ehefrau, weil er vor Langeweile sterben würde mit einer, die nur die zweite Geige spielt.

SZ-Magazin: Die Beste von allen - das kann auch ein recht zweifelhaftes Kompliment sein. Hat er noch andre?

Sara Kishon: Also wissen Sie, ich wäre bestimmt nicht gerne mit einem Mann zusammen, der nicht vergleicht. Vergleiche müssen ja nicht verletzen.

SZ-Magazin: In seinen Büchern kommt Ihr Mann allerdings zu dem Schluß: Ein Mann kann nicht immer treu sein.

Sara Kishon: Treue ist phantastisch. Wirklich sehr wichtig. Aber wer glaubt, daß es tatsächlich einen treuen Ehemann gibt, ist blind. Für uns Frauen ist das ein Problem. Es lohnt sich nur, wenn man einen wirklich guten Mann hat. Er muß wunderbar sein, muß seine Frau schätzen, sie gut behandeln, lieben, sonst macht es alles keinen Sinn.

SZ-Magazin: Fühlen Sie sich denn gut behandelt?

Sara Kishon: Ja, er hat mich immer gut behandelt. Wir haben viel Respekt voreinander. Wir sind heute die besten Freunde. Eine Frau sollte sich nie von einem Mann trennen, der ihr wichtig ist. Allein darauf kommt es an, ob er ihr wichtig ist oder nicht. Untreue allein ist kein Scheidungsgrund. Ich wollte zu diesem Thema schon einmal einen Eheratgeber schreiben.

SZ-Magazin: Warum haben Sie es nicht gemacht?

Sara Kishon: Ich kann nicht schreiben.

SZ-Magazin: Finden Sie Ihren Mann noch attraktiv?

Sara Kishon: Besonders wenn ich ihn in einer Menschenmenge sehe, ja. Nicht, daß ich mich dann auf ihn stürzen und ihn ins Bett zerren müßte. Aber es ist ein gutes Gefühl.

SZ-Magazin: Und er?

Sara Kishon: Es funkt wohl noch. Sehen Sie, vor ein paar Tagen rief er mich aus dem Ausland an und sagte, daß er im Kino war. Und er sagte: Ich will diesen Film noch einmal mit dir sehen. Es war »Das Piano«. Wir haben den Film also zwei Tage später noch einmal gemeinsam angeschaut. Wenn jemand einen Film in einer Woche zweimal sieht, das ist für mich ein Liebesbeweis.

SZ-Magazin: Hat Ihr Mann tatsächlich mal Ihren Frisierumhang im Waschbecken verbrannt, weil Sie sich zu langsam umzogen?

Sara Kishon: Wo steht das? Daran erinnere ich mich nicht.

SZ-Magazin: Hat er Ihren Sohn zwischen seine Beine eingeklemmt und ihn unter Wasser gezwungen, um ihm das Schwimmen beizubringen?

Sara Kishon: Aber nein, das hat er nie gemacht.

SZ-Magazin: Steht aber in einem seiner Bücher.

Sara Kishon: Nein, nein, das ist erfunden. Er ist ein sehr sanfter Vater. Wenn einer die Kinder verprügeln wollte, dann ich. Aber glücklicherweise ist unser Kindermädchen immer rechtzeitig dazwischengesprungen. Wirklich, er ist sehr sanft, still, introvertiert.

SZ-Magazin: Wieviel ist überhaupt Fiktion, wieviel Realität in seinen Bestsellern?

Sara Kishon: Die Geschichte mit den Kontaktlinsen stimmt. Ich konnte sie einfach nicht vertragen. Und die wandernde Waschmaschine auch. Aber das war bei einer Nachbarin. Rund dreißig bis vierzig Prozent sind wohl wahre Begebenheiten, der Rest ist Imagination.

SZ-Magazin: Ist es Ihnen und den drei Kindern nicht auf die Nerven gegangen, Ihr Privatleben ständig in Satiren wiederzufinden?

Sara Kishon: Nein. Die Kinder haben nie besonders viel gelesen, mehr Fernsehen geguckt. Höchstens, daß sie mal auf die Kolumnen ihres Vater angesprochen wurden. In Israel wachsen Prominentenkinder auch längst nicht so auffällig auf wie anderswo. Das Privatleben in unserem kleinen Staat ist sowieso öffentlicher.

SZ-Magazin: Kennen Sie alle 50 Kishon-Bücher?

Sara Kishon: So ziemlich alle.

SZ-Magazin: Es heißt, ohne Sie hätte Ihr Mann womöglich nie ein Buch veröffentlicht.

Sara Kishon: Nun, ich habe sein erstes Buchmanuskript »Drehn Sie sich um, Frau Lot!«1961 zu Art Buchwald geschickt, dem es gefiel. Damit begann alles. Aber er hat es natürlich selbst geschrieben.

SZ-Magazin: Jetzt erscheint seine Autobiographie »Nichts zu lachen«. Haben Sie ihn zu diesem Buch auch ermuntert?

Sara Kishon: Seit 30 Jahren dränge ich Ephraim, sein

Leben aufzuschreiben. Er ist schüchtern. Er wollte über die Nazizeit und seine Verfolgung einfach nicht sprechen. Erst unser Nachbar und Freund aus Tel Aviv, der Fernsehjournalist Yaron London, brachte ihn schließlich zum Reden. So kam die Autobiographie, im Dialog mit London, heraus. Dabei liegt London politisch überhaupt nicht auf der Linie meines Mannes, er ist viel moderater.

SZ-Magazin: Sie besitzen ein Haus in Tel Aviv, eins in Appenzell und ein Hotelappartement in Zürich. Leben Sie sehr häufig getrennt?

Sara Kishon: Das hält sich die Waage, etwa halbe-halbe. Wir telefonieren aber ständig miteinander und auch mit den Kindern, die alle in Tel Aviv leben.

SZ-Magazin: Aber Ihr Mann verbringt heute viel Zeit in der Schweiz?

Sara Kishon: Ich auch. Das hängt einfach mit der Vermarktung seiner Bücher zusammen. Behauptungen, er lebe eigentlich nicht mehr in Israel, sind alle Quatsch. Es stört mich auch nicht, wenn er verreist ist. Ich zähle nicht die Tage, bis er zurückkommt, obwohl ich ihn gerne um mich herum habe. Ich lebe mein eigenes Leben. In Israel sieht man die Abwesenheit von Ephraim manchmal sehr kritisch, als wolle er sich aus dem Staub machen. Das ist ein Reizthema in diesem Land und auch zu Recht; manche Leute entziehen sich durch Abwesenheit dem alljährlichen Militärdienst.

SZ-Magazin: Dafür ist Ihr Mann mit 69 Jahren aber doch zu alt?

Sara Kishon: Wie ich ihn kenne, würde er immer noch gerne hingehen. Aber es stimmt, das war mit 55 Jahren zu Ende.

SZ-Magazin: Was hat Sie eigentlich nach Appenzell verschlagen?

Sara Kishon: Die Suche nach naiver Bauernmalerei.

Als uns hier ein Haus angeboten wurde, griffen wir sofort zu. Die Landschaft hat nichts Bedrohliches, nichts Gewaltiges, sie ist beruhigend.

SZ-Magazin: Ihre Kinder sind ja längst erwachsen.

Sara Kishon: Ja, aber wir sind ein Clan. Wir beschäftigen uns ständig miteinander.

SZ-Magazin: Haben die Kinder irgendwann mal gegen den eigenbrötlerischen Vater aufgemuckt?

Sara Kishon: Ephraim ist ein guter Vater. Er hat sich immer viel mit den Kindern beschäftigt. Schwimmen, Picknicks, Modellflugzeuge. Die gesamte erste Zeit unserer jungen Familie ist auf einer Acht-Millimeter-Amateurkamera festgehalten. Selbst unser Sohn im Brutkasten. Wenn Ephraim schreiben wollte, ging er eben hoch.

SZ-Magazin: Hoch?

Sara Kishon: Die zweite Etage unseres Hauses in Tel Aviv ist komplett für ihn reserviert. Er hat seine eigene Küche da, kann dort schlafen. Die Türen sind schallisoliert. Er kann dort total abgeschlossen arbeiten.

SZ-Magazin: Und Sie sehen ihn tagelang nicht?

Sara Kishon: Er kommt zwischendurch immer runter. Aber die Kinder wußten, daß man den Vater dort oben nicht stört.

SZ-Magazin: Sie sind ja, laut Kishon, auch die beste aller Mütter.

Sara Kishon: Nun ja, wollen wir's mal so sagen: Ich hatte immer ein gutes Kindermädchen. Ohne Rifka, die heute über 75 Jahre alt ist und immer noch bei uns lebt, wäre ich verloren gewesen. Mir fehlt jede Geduld mit Kindern. Außerdem fürchte ich mich vor kleinen Kindern, sie machen mich nervös.

SZ-Magazin: Gab es Auseinandersetzungen über den Erziehungsstil?

Sara Kishon: Kann ich mich daran noch erinnern?

Streng waren wir nicht, andererseits auch nicht modern.

SZ-Magazin: Sie sind Pianistin und haben seit langem in Tel Aviv eine Galerie...

Sara Kishon: ...die leider nicht sehr erfolgreich ist, weil sie von der Avantgarde boykottiert wird. Wer bei mir ausstellt, erkauft sich das Schweigen. Die Kulturszene steht mit meinem Mann auf Kriegsfuß, und da weitet man den Boykott gleich auf mich aus.

SZ-Magazin: Warum mußte er auch die moderne Kunst als großen Bluff abtun.

Sara Kishon: Nun, das ist seine Meinung, und damit hält er eben nicht hinter dem Berg. Ich mag auch abstrakte Sachen. In der Galerie stelle ich in erster Linie zeitgenössische israelische Maler aus.

SZ-Magazin Das Klavierspielen haben Sie aufgegeben?

Sara Kishon: Meine ganze Jugend bestand aus Klavierspielen und Ballett. Jüdische Mütter haben den Tick, daß ihre Töchter Klavier spielen, tanzen und Sprachen lernen. Als Klavierlehrerin, was ich viele Jahre gemacht habe, bin ich nicht geduldig, als Pianistin nicht gut genug. Ich werde vor Lampenfieber ohnmächtig. Heute spiele ich nur noch privat.

SZ-Magazin: Wie haben Sie Ihren Mann eigentlich kennengelernt?

Sara Kishon: Im Swimmingpool in Tel Aviv. Ich war 25, hatte gerade meinen zweijährigen Militärdienst hinter mir und war aus New York zurück, wo ich fünf Jahre lang an der Juillard School Piano studiert habe. Ich fand ihn hinreißend. Es war zu Beginn des Winters, und Ephraim fragte mich, ob ich immer im Winter schwimme. Ich sagte ja. So schwammen wir den ganzen Winter hindurch, obwohl es wirklich kalt war. Später haben wir das nie wieder gemacht. Er sah aus wie Leslie Howard.

Genau mein Typ. Er lebte damals schon von seiner ersten Frau getrennt.

SZ-Magazin: Gab es in den 34 Ehejahren auch schwierige Phasen, Beziehungskrisen?

Sara Kishon: Ganz am Anfang, in den siebziger Jahren, als er anfing, viel zu reisen, da mußte ich mich an seine lange Abwesenheit erst gewöhnen. Und unser Geschmack, der zu Beginn der Ehe noch völlig gleich war, hat sich inzwischen ziemlich auseinanderentwickelt. Ich lehne moderne Dinge längst nicht so extrem ab wie er. Also streiten wir uns.

SZ-Magazin: Viel?

Sara Kishon: Wir streiten uns eigentlich ständig. Ich bin gern mit Leuten zusammen. Er ist lieber allein. Aber politisch stimmen wir überein.

SZ-Magazin: Wie ist Ihr Verhältnis zu Geld?

Sara Kishon: Meine Familie, die seit Generationen in Palästina lebte, ist relativ wohlhabend, mein Vater ist einer der Gründungsväter von Tel Aviv. Ephraim kommt aus einer armen Familie. Als wir unser Haus in Tel Aviv bauten, gab es nur eine Vorgabe für den Architekten: Bau was Bescheidenes. Ich hasse es, wenn Leute mit Geld angeben.

SZ-Magazin: Wie viele Autos haben Sie?

Sara Kishon: Zwei in Israel, zwei in der Schweiz. Alte Wagen, sie sind uns völlig gleichgültig.

SZ-Magazin: Sie sind 61 Jahre alt...

Sara Kishon: Kein schönes Alter für eine Frau. Nicht mehr begehrt zu werden. Mich macht es wütend. Plötzlich ist man alt und damit für Männer uninteressant.

SZ-Magazin: Sie sehen noch blendend aus.

Sara Kishon: Ich habe mich vor sieben Jahren liften lassen.

SZ-Magazin: Das sagen Sie so offen.

Sara Kishon: Warum nicht? Es war bei einem sehr guten Schönheitschirurgen, ein sanfter Eingriff. Man sieht keine Narben, es wirkt auch nicht künstlich, und ich fühle mich so wohler. In zwei, drei Jahren werde ich wahrscheinlich noch ein Facelifting machen.

SZ-Magazin: Warum tun Sie das?

Sara Kishon: Nicht aus Eitelkeit, mehr aus ästhetischen Gründen. Es sieht frischer aus. Eine Frau von 60 kann nicht wie 40 aussehen, aber man kann der Umgebung ein netteres Gesicht bieten. Letztendlich aber macht man es für sich selbst.

SZ-Magazin: Auch Ihr Mann hadert sehr mit dem Alter.

Sara Kishon: Er beklagt in seiner Biographie, daß man den letzten Akt in zehn Minuten spielen muß. Man hat nicht mehr die Zeit, die man gerne hätte. Es ist nicht schön.

SZ-Magazin: Zu diesem Thema würden wir gerne mal seine Meinung hören...

Sara Kishon: Aber natürlich, wir können ihn ja dazubitten. Ephraim!

SZ-Magazin: Vielleicht wäre das an diesem Punkt ganz aufschlußreich...

Sara Kishon: Ephraim, möchtest du dich zu uns setzen?

Ephraim Kishon: Ich fühlte mich schon wie bei der Geburt meiner Kinder: vollkommen überflüssig. Aber wenn man mich jetzt doch braucht, gerne.

SZ-Magazin: Herr Kishon, tun Sie Ihrer Frau nicht weh, wenn Sie behaupten, mit den Jahren nehme die Liebe ab?

Ephraim Kishon: Nicht die Liebe, das verwechseln Sie, die sexuelle Anziehung.

Sara Kishon: Nein, ich muß auch sagen, das verletzt mich nicht, weil es ja wohl so ist.

SZ-Magazin: Es gibt Leute, die haben da eine andere Meinung.

Ephraim Kishon: Eine Meinung vielleicht, aber wir sprechen von der Praxis.

SZ-Magazin: Herr Kishon, Sie sind ja auch für die Polygamie.

Sara Kishon: Also, da möchte ich Ihnen sagen, vieles ist auch Träumerei. Sie kennen doch seine Geschichte von dem alten Ehepaar, das eines Spätabends zusammensitzt. Er malt sich ein Leben mit mehreren Frauen aus, während sie leise einnickt und denkt: Jeden Abend dieselbe Geschichte. So ist es. Die Männer wissen doch gar nicht, was für Scherereien zwei oder drei Ehefrauen mit sich bringen.

Ephraim Kishon: Sechshundert Millionen Moslems kommen damit doch ganz gut klar.

Sara Kishon: Aber es ist doch sehr problematisch.

Ephraim Kishon: Hast du es jemals ausprobiert?

SZ-Magazin: Haben Sie Ihrer Frau denn mal den Vorschlag gemacht?

Ephraim Kishon: Es geht natürlich nicht mehr, seit der unglückselige Rabbi Gerschom im Mittelalter ausgerechnet die Monogamie als einziges Dogma von der katholischen Kirche übernommen hat.

Sara Kishon: Träumereien...

Ephraim Kishon: Die traditionelle Polygamie, auch wenn sie heute nicht mehr denkbar ist, war humaner. Bei unseren jüdischen Urahnen landeten die Ex-Frauen samt Kindern wenigstens nicht auf dem Müll...

Sara Kishon: Aber schau dir doch auch einmal die andere Seite der Medaille an. Wie lächerlich sehen denn alte Ehemänner aus, wenn sie jungen Mädchen nachrennen! Wollen plötzlich wieder jung sein, obwohl es nicht mehr geht.

Ephraim Kishon: Meine Liebe, Polygamie ist eine Frage der Tradition.

Sara Kishon: Ist es nicht.

Ephraim Kishon: Wissen Sie, ich habe etwas ähnliches auch einmal an Prinz Charles geschrieben.

SZ-Magazin: Das paßt ja prima. Sicher eine Solidaritätsnote?

Ephraim Kishon: Es geht nicht um Solidarität. Er erschien mir nach dem skandalösen Abdruck seiner Privatgespräche plötzlich so menschlich, gar kein Prinz mehr. Er gefiel mir richtig.

SZ-Magazin: Hat er Ihnen geantwortet?

Ephraim Kishon: Ja, er hat sich für meine mitfühlenden Zeilen bedankt.

SZ-Magazin: Sara, wie haben Sie es 34 Jahre mit diesem Mann ausgehalten?

Sara Kishon: Nun, ich schätze seinen Humor.

SZ-Magazin: Und warum sind Sie bei Ihrer Frau geblieben, Herr Kishon?

Ephraim Kishon: Ich liebe sie.

*DAS INTERVIEW FÜHRTE ANDREA TAPPER,
SZ-MAGAZIN 40/93, 8. OKTOBER 1993*

»Aber ich betrüge
es mit Appenzell...«

Ephraim Kishon lebt als freier Schriftsteller in Tel
Aviv.« Diesen Satz kann man am Schluß jeder
Kurzbiographie des weltberühmten Satirikers
und Humoristen lesen. »Ja, ja, das stimmt schon«,
bestätigt er sofort, »denn ich bin ja ein überzeugter
Israeli.« Doch dann fügt er verschmitzt hinzu: »Mit Israel
bin ich sozusagen verheiratet. Aber ich betrüge es mit
Appenzell...«

Ephraim Kishons Liebe zum Appenzellerland ent-
stand durch Zufall. Der Innerrhoder Landammann und
Ständerat Raymond Broger erhielt nämlich in Aachen
den »Orden wider den tierischen Ernst« überreicht. Auch
Ephraim Kishon wurde Träger dieses Ordens. Und weil
nun jeweils der letzte Ordensträger für den nächsten
Empfänger die Laudatio halten muß, lernten Raymond
Broger und Ephraim Kishon einander kennen. Als dann
Ephraim Kishon nach der vom Fernsehen übertragenen
Ehrung zu Raymond Broger nach Appenzell zu Besuch
kam, stellte er verblüfft fest, daß ihn hier auf der Straße
bereits jedermann kannte. Er fühlte sich schon beinahe
wie zu Hause.

Ephraim Kishon wurde 1924 in Budapest geboren.
Natürlich erlebte er bei der Besetzung Ungarns durch die
Deutschen den Holocaust, dem er aber selber glücklicherweise entgehen konnte. Im Jahre 1949 wanderte er
als Fünfundzwanzigjähriger nach Israel aus, wo er von
einem Einwanderungsbeamten den Namen erhielt, mit
dem er dann weltberühmt wurde.

Als er nun vor etwa zwölf Jahren am Bahnhof Appenzell ankam und dort mit seiner »besten Ehefrau von allen« von einem kleinen Restaurant aus die Appenzeller beobachtete, fühlte er sich seltsamerweise an Ungarn erinnert. Die Menschen waren relativ klein, dunkelhaarig... Inzwischen habe er natürlich schon von jenen Hunnen gelesen, die das Kloster St. Gallen überfallen hatten und vielleicht sogar in der Ostschweiz seßhaft wurden. Er könne allerdings nicht beurteilen, was an dieser Geschichte Wahres sei, aber immerhin, irgendwie...

Von seinem Nachbarn Toni Mazenauer wisse er jedoch mit Bestimmtheit, daß dieser ganz bewußt klein geblieben sei, erzählt Ephraim Kishon. Die Mutter habe nämlich damals dem kleinen Buben Toni gesagt, »wenn er einmal groß sei, müsse er arbeiten gehen.«

RALF A. OTTINGER,
KLOSTERNEUBURGER ZEITUNG, 28. JANUAR 1994

Und trotzdem fahren wir hin...

SZ-Magazin: Herr Kishon, schauen Sie sich doch bitte mal unsere Reisephotos an.

Kishon: Das brauche ich nicht. Ich weiß, wie London aussieht. Auch Paris und Venedig kenne ich auswendig.

SZ-Magazin: Gehören Sie zu den Menschen, die ganz oben auf dem Eiffelturm gestanden sind? Und auf dem Big Ben?

Kishon: Ja, natürlich. Ich war sogar auf dem Empire State Building. Ich habe alle Türme dieser Welt erklettert. Und überall der gleiche Anblick: kleine Häuser und kleine Menschen. Ich reise nicht mehr gerne.

SZ-Magazin: Wieso?

Kishon: Nehmen Sie bloß die Hotelzimmer. Die leiden unter drei unheilbaren Krankheiten, überall auf der Welt. Erstens: Jedes Hotelzimmer ist viel zu dunkel, weil die Hotelmanager sparen wollen und nur Zwanzig-Watt-Birnen verwenden. Wer zu Depressionen neigt, bekommt sie in dieser Düsternis bestimmt. Zweitens: Die Manager haben weltweit beschlossen, ab Mitte April nicht mehr zu heizen. Auch wenn es draußen noch kalt ist. Und drittens: Hotelzimmer-Kissen sind aus einem abscheulichen Material, gefüllt mit irgend etwas zwischen Holz und Rohgummi. Und wer sich in einem Hotelbett zudecken will, muß erst einen Todeskampf überstehen, da die Zimmermädchen die Decken auf eine geheimnisvolle Weise unter den Matratzen festzurren.

SZ-Magazin: Als Bestsellerautor und Theaterregisseur sind Sie doch ununterbrochen in Hotels. Wie halten Sie das aus?

Kishon: Mit der Zeit bin ich erwachsen geworden. Heute wehre ich mich. Ich habe immer drei, vier Halogenlampen à 200 Watt in meinem Koffer. Die schraube ich als erstes in die Lampen. Wo ich wohne, ist es immer taghell. Außerdem nehme ich auf jede Reise einen Heizstrahler mit, für alle Fälle. Nur das mit den Betten habe ich noch nicht gelöst.

SZ-Magazin: Herr Kishon, wir sitzen jetzt in einem Hotelappartement in Zürich, das Sie schon seit vielen Jahren auf Dauer gemietet haben. Wieso eigentlich Zürich?

Kishon: Ich lebe ja seit 43 Jahren in Tel Aviv und bin auch emotional ein hundertprozentiger Israeli. Mein Appartement in Zürich ist für mich eine Zwischenstation, zwischen Israel und dem Rest der Welt. Und dann habe ich noch ein ruhiges zweites Heim in Appenzell.

SZ-Magazin: Was gefällt Ihnen so an der Schweiz?

Kishon: Es sind die Toiletten. In keinem Land der Welt sind sie so großartig wie in der Schweiz. Selbst in der kleinsten Dorfgaststätte ist die Toilette so schön und rein, daß man am liebsten einziehen möchte.

Wie entsetzlich aber sind die sanitären Anlagen in anderen Ländern, zum Beispiel in der Türkei oder in Ägypten. Für mich sind Toiletten eine Visitenkarte. Wenn ich zum Beispiel bei einem prunkvollen Verlag zu Gast bin, mit Gängen aus Marmor, dann gehe ich zuerst auf die Toilette. Wenn es dort aussieht wie auf einem Bahnhof, dann weiß ich ganz sicher, daß da etwas nicht stimmt. Ein weiterer Vorteil von der Schweiz ist übrigens, daß die Telephone und Fahrstühle funktionieren.

SZ-Magazin: Das tut es woanders doch auch. Zum Beispiel in den USA.

Kishon: So? Da funktioniert gar nichts. Das liegt daran, daß die 200 Jahre lang keinen richtigen Krieg hatten. Denn da ist alles noch ganz, da wurde nichts zerstört. Zum Beispiel die Aufzüge. Wie oft ich in den alten

Dingern schon steckengeblieben bin! Allein darf man dort nicht in einem Lift fahren. Schon weil die Gefahr zu groß ist, daß im 63. Stock ein Ungeheuer zusteigt und einen ausraubt.

SZ-Magazin: Die meisten Leute aber sagen, daß es verdammt Spaß macht, nach Amerika zu reisen, weil es ein sehr schönes, spannendes Land ist.

Kishon: Ja, ja, es ist schön. Ich habe mal eine Zeit in Hollywood gelebt. Ein anderes Mal wohnte ich in einem Hotel in Buffalo, mit Blick auf die Niagara-Fälle. Das ist im ersten Moment schön, aber nach dem dritten Tag ist es wie Cinemascope. Mir bringt das nichts. Mit Menschen, denen ich begegnet bin, ist es etwas anderes. Aber Landschaften?

SZ-Magazin: Aber London? Venedig?

Kishon: Dort streite ich mich meistens mit meiner Frau, weil ich mich andauernd verlaufe. Daß Venedig ideal für Liebespaare sein soll, ist ein völliger Unsinn. Dann wollte ich auf Rhodos das Tal der Millionen Schmetterlinge sehen. Wir waren ewig lang unterwegs, mit Eseln. Das hat viel Geld gekostet, doch kein einziger Schmetterling ist uns begegnet. Oder dieses Gefühl bei der Gepäckausgabe am Flughafen, wenn man sich plötzlich umdreht und alleine dasteht. Alle Koffer sind gekommen, nur der deine nicht. Der landete in Damaskus.

SZ-Magazin: Warum reist der Mensch trotzdem so gerne?

Kishon: Darüber denke ich oft nach. Ich weiß nicht, was einen mehr bestimmt - die Lust wegzufahren oder das Interesse für ein fremdes Land, die Illusion, irgendwelche großen Abenteuer zu erleben. Als ich jung war, dachte ich, es ist eine Art Pflicht, das alles anzusehen, Trafalgar Square, Akropolis, Sagrada Familia. Damals war ich wirklich neugierig. Vielleicht ist es auch einfach der Drang, von zu Hause wegzukommen, weg von der Routine, von den Sorgen, vom Telefon.

SZ-Magazin: Haben Sie eine Lieblingsstadt?

Kishon: Wenn ein junger Mensch mir sagt, jetzt kenne er die schönste Stadt der Welt - sagen wir Rotterdam -, dann frage ich: Mit wem waren Sie dort? Eine Stadt kann sehr schön sein, wenn man nicht alleine da ist. Das ist doch das Entscheidende. Ich bin früher, vor zwanzig Jahren, gerne nach Paris gefahren, aber nur, weil es dort ein sehr gutes japanisches Restaurant gab.

SZ-Magazin: Fahren Sie öfter weg, nur um gut zu essen?

Kishon: Nein. Ich esse gerne japanisch, weil es eine einfache Küche ist. Ich mag einfache Sachen, zum Beispiel Huhn. Wenn ich das aber in einem feinen Restaurant will, kriege ich es nicht. Nur in unglaublichen Variationen, à la Metternich oder so was. Ich kann diese Edelrestaurants nicht leiden. Ich meide auch jedes Lokal mit vielen Kerzen. Das macht mich mißtrauisch. Ich will keine Kerzen essen.

SZ-Magazin: Gibt es noch eine Reise, die Sie reizen würde?

Kishon: Nein, keine einzige. Und es gibt Länder, die ich sicher niemals besuchen werde. Australien ist so ein Land. 21 Stunden dauert der Flug, das ist zu viel. Ich weiß nicht, was ich mir da noch ansehen soll. Känguruhs kann ich mir auch im Zoo anschauen.

SZ-Magazin: Wie sieht ein ganz normaler Urlaub bei Ihnen aus?

Kishon: Ich bin nur beruflich unterwegs. Ich mache keinen Urlaub, seit 40 Jahren nicht. Vielleicht im nächsten Jahrhundert...

DAS INTERVIEW FÜHRTE STEPHAN LEBERT,
SZ-MAGAZIN 28/92, 10. JULI 1992

Ein lebenslänglicher
Schachspieler

Gerade und ruhig und ohne Effet...

Ephraim Kishon brillierte 1992 in Berlin als Billard-Spieler

Als man ihm gratulierte, nicht zu einem seiner Bestseller, was er ja schließlich gewohnt ist, sondern zu einem grandiosen Billardsieg - da strahlte er übers ganze Gesicht. »Denn Billard«, sagte Ephraim Kishon, »ist für mich eine ganz große Leidenschaft, es ist eine unbeschreibliche Faszination.«

Und weil der Bestsellerautor aus Tel Aviv nun einmal für sein Leben gern Billard spielt, reiste er auch an diesem Wochenende mal wieder von Tel Aviv nach Berlin, um beim zweiten Weltcup-Turnier der Dreiband-Profis dabeizusein. Nicht nur als Zuschauer, sondern auch als Spieler in einem Turnier, in dem - ähnlich dem Golfsport - prominente Amateure mit prominenten Profis ein Team bildeten.

Ephraim Kishon, mit einer Weltauflage von über 30 Millionen Büchern längst einer der meistgelesenen Satiriker der Welt, spielte im noblen Berliner Kempinski-Hotel am Kurfürstendamm gemeinsam mit dem 27 Jahre alten Schweden Torbjörn Blomdahl in einer Mannschaft. Der junge Mann aus Helsingborg, im vorigen Jahr Weltcup-Sieger, Weltmeister und bereits als Jahrhundert-Talent der Billard-Szene gefeiert, war dem älteren Herrn aus Tel Aviv nicht nur ein kampfstarker Partner, er war ihm auch einfühlsamer Coach.

Was Blomdahl allerdings rundheraus abstritt: »Nein, ich habe Herrn Kishon nicht geholfen. Er hat jede schwierige Situation selbst erkannt und jeden guten Stoß auch selbst ausgeführt.«

Natürlich hat das Kishon nicht getan. Natürlich hat ihm der Weltmeister geholfen, hat ihm gezeigt, wie die Kugel über die Bande zu spielen sei. Und er hat geraten: »Rechts treffen, aber ohne Effet«, oder: »Ganz gerade, und ganz ruhig stoßen« - und Kishon hat sich daran gehalten, hat ganz gerade und ganz ruhig gestoßen.

»Nun gut«, sagte Kishon, »ich gebe zu, daß ich mich für dieses Turnier vorbereitet habe, daß ich für diesen Auftritt in Berlin ständig geübt habe. Aber nicht viel, und obendrein immer nur nachts um zwei, also dann, wenn ich meine Schreibarbeit erledigt hatte.«

Wobei man wissen muß, daß die Billard-Leidenschaft den bienenfleißigen Autor Ephraim Kishon sogar zum Bau eines Kishon-Eigenheims geführt hat. Warum? »Nun, ich fuhr immer in irgendein Café mit Billardtischen. Da es in Israel nicht allzu viele Cafés mit Billardtischen gibt - man braucht in diesem Lande schließlich andere Dinge wichtiger als Billardtische -, mußte ich immer lange warten, bevor ich einmal spielen durfte. Da sagte eines Tages die beste Ehefrau von allen zu mir: »Ephraim, du würdest viel Zeit sparen, wenn wir einen eigenen Billardtisch besäßen.« Gesagt, gekauft. Und um jenen Billardtisch herum bauten die Kishons einen Raum - und um diesen herum schließlich ein Haus.

In Berlin, wo Kishon - in geblümter Samtweste - am Billardtisch eine ausgezeichnete Figur machte, spielte er mitunter so phantastisch, daß er seinem Teamgefährten, dem Weltmeister, die Show stahl. Und so war dann Torbjörn Blomdahl dem Spott der Kollegen ausgesetzt. »Wer ist denn dieser junge Mann an Kishons Seite, dieser junge Schwede, der so viele Fehler macht?« juxte Italiens Billard-Star Marco Zanetti.

»Vor etwa 18 Jahren«, das Glas Wasser dem Glas Sekt vorziehend, so erzählte Kishon, »habe ich den Film 'The Hustler' gesehen. In diesem Film spielte neben Paul Newman das Billardspiel eine Hauptrolle. Seitdem bin ich in dieses Spiel vernarrt.«

Als leidenschaftlicher Amateur kann er nun nach getaner Arbeit hinuntergehen in seinen Billardraum und dort ganz allein für sich versuchen, ein wenig an den Gesetzen der Physik zu rütteln. »Der Witz, die geistige Wendigkeit und der physische Einsatz« faszinieren ihn an Billard.

Doch in Berlin spielte er fast so verbissen wie die Profis, um danach festzustellen, daß der wirkliche Profi doch Torbjörn Blomdahl war. »Er hat acht Punkte für unser Team gemacht, ich nur sechs«, beklagte sich der sonst so Erfolgreiche, wohlwissend, daß er diesen Vorsprung auch nicht mit mitternächtlichem Training wettmachen kann.

KLAUS BLUME,
BERLINER MORGENPOST

Ein Apfel ist an allem schuld. Gebrauchsanweisung für die Zehn Gebote
384 Seiten mit Illustrationen von Rudolf Angerer. Gebunden
DM 36,–/öS 281,–/sFr 37,–, ISBN 3-7844-2510-0, Langen Müller

Geständnis des Apfelwurms an der Polizeistation Himmelpforte im Jahre 3013 v. Chr.

Ich, der Unterzeichnende, gebe hiermit zu Protokoll, daß ich in jenem Apfel saß, den die Schlange Frau Adam angeblich empfohlen haben soll.

Ich plädiere auf Freispruch für den Apfel, der nach offizieller Anklage an der größten Katastrophe der Menschheit für schuldig befunden wurde.

In meiner Funktion als umweltfreundlicher Wurm residierte ich zur fraglichen Zeit in besagter Frucht. Ich versichere an Eides Statt, daß ich keinen bemerkenswerten Unterschied zwischen der sogenannten Frucht der Erkenntnis und allen vergleichbaren Obstsorten feststellen konnte, die ich während meines Aufenthaltes im Paradies gekostet habe. Es handelte sich zweifellos um einen Apfel wie jeder andere, vielleicht ein wenig glänzender, in jedem Fall aber aus gängigem biologisch-dynamischen Anbau.

Nach meiner Einschätzung diente die Frucht der höchsten Stelle lediglich als Alibi, um die beiden herumlungernden Nudisten aus dem Garten Eden legal ausweisen zu können. Festzuhalten bleibt, daß hingegen meine Aufenthaltsbewilligung für das Paradies verlängert wurde, obwohl auch ich von der Frucht der Erkenntnis gekostet hatte.

Gezeichnet:

Inhalt

Zum Abschluß erlaube
ich mir, sentimental
zu werden und meinen besten Freunden
von Herzen zu danken.

Metamorphose
eines Durchschnittslesers

Ich sitze im Wartesaal eines großen Bahnhofs. Mein
Blick - der Blick des geborenen Satirikers - schweift
über den Raum und über die anderen Wartenden,
schweift über den Menschen und sein Antlitz.

Ganz besonders interessiert mich ein Herr, der an der
gegenüberliegenden Wand sitzt und Zeitung liest. Ich
betrachte ihn schon seit längerer Zeit. Eigentlich betrachte ich nur ihn. Er liest die Zeitung von heute, Samstag,
die Wochenendausgabe, die wieder eine meiner unvergleichlichen Kurzgeschichten enthält; eine ganz hervorragende, eine - wie ich in aller Bescheidenheit sagen
möchte - nahezu geniale Geschichte.

Natürlich habe ich die Wochenendausgabe längst gelesen, und da ich dank meines ausgezeichneten Gedächtnisses nicht nur den gesamten Inhalt, sondern auch seine Anordnung in Erinnerung habe, kann ich den Herrn an der Wand beim Blättern und Lesen sachkundig beobachten. Je nachdem, was er als erstes liest, werde ich seinen Lebensstandard bestimmen können, seine Bildung, seine Weltanschauung, bis zu einem gewissen Grad sogar seine sexuelle Verfassung. Manche Leute lesen als erstes die Tagesneuigkeiten, manche die Filmkritiken, manche die Selbstmordnachrichten. Daraus kann man sehr interessante Schlüsse ziehen, wenn man kann. Vor dem Wissenden liegt der Zeitungsleser wie ein offenes Buch.

Dieser Mann, zum Beispiel, ist ein Idiot. Er hat die Seite mit meiner Geschichte erreicht und hat weitergeblättert.

Um die Wahrheit zu sagen: Ich habe gar nicht erwartet, daß er meine Geschichte lesen wird. Eines gilt nicht für alle. Es gibt Menschen, die von Gott das Himmelsgeschenk des Humors mitbekommen haben. Andere wieder sind verurteilt, humorlos durchs Leben zu gehen. Wie dieser Idiot hier. Er soll meine Geschichte gar nicht lesen. Keine Gefälligkeiten, bitte.

Es ist allerdings ein peinliches Gefühl, sich in der unmittelbaren Nachbarschaft eines erwachsenen Menschen zu wissen, dessen Intelligenzniveau ungefähr dem eines dreijährigen Kindes entspricht. Vermutlich ein Kleingewerbetreibender, oder in irgendeinem anderen trostlosen Erwerbszweig tätig. Wahrhaftig, er tut mir leid.

Jetzt blättert er zurück... blättert zurück... und hält auf jener Seite inne, wo meine Geschichte steht.

Na und? Soll ich deshalb vielleicht meine Meinung über ihn ändern? Nur weil er sich gnädig herabläßt, meine Geschichte zu lesen? Kennt man mich als Opportunisten? Das wäre ja noch schöner! Für mich ist

dieser Mann der gleiche uninteressante Unterdurch-
schnittsbürger geblieben, der er immer war. Daran kann
weder sein gepflegtes Äußeres etwas ändern noch seine
keineswegs unklugen Augen hinter den geschmackvoll
eingefaßten Brillengläsern.

Man sieht: Ich bin in keiner Weise nachtragend. Der
Mann hat mir ja schließlich nichts getan. Er hat zuerst
die ganze Zeitung durchgeblättert und ist sodann zu
jenem Beitrag zurückgekehrt, von dem er sich am meisten verspricht. Das ist ganz in Ordnung. Es zeugt sogar
für eine gewisse Denkmethodik und eine bemerkens-
werte ideologische Reife.

Jetzt müßte er allerdings schon gelacht haben. Mindestens einmal. In der zehnten oder elften Zeile meiner
Geschichte kommt ein brillantes Wortspiel vor, und darüber müßte er gelacht haben. Aber dieser widerwärtige
Glatzkopf tut nichts dergleichen. Macht ein Gesicht, als
wäre er bei einem Begräbnis. Ein sturer Gesell. Vollkommen unempfänglich für jede feinere Regung. Sein ganzes Sinnen und Trachten ist nur auf Geld gerichtet. Geld,
Geld, Geld! Wirklich abstoßend. Dabei würde ich seinen
haarigen Affenhänden keinen roten Heller anvertrauen.

Jetzt hat er auch noch gegähnt. Das ist der Typ, dem
wir die Inflation verdanken. Und die Behörden rühren
sich nicht.

Er hat gelacht.

Kein Zweifel: Er hat gelacht. Ich habe das Zucken um
seinen linken Mundwinkel ganz deutlich gesehen. Diese
aristokratischen Charaktere verstehen es eben, ihre wah-
ren Gefühle zu verbergen. Aber bei aller Selbstbe-
herrschung, über die er verfügt: Zum Schluß konnte er
meinem Humor eben doch nicht widerstehen. Jede seiner Bewegungen drückt Würde und inneren Adel aus.

Jede? Wirklich jede? Auch die plumpe Gebärde, mit

der er sich jetzt in den Mund gefahren ist? Er hat nämlich gar nicht gelacht. Er hat sich mit seinem nikotingel-
ben, ungepflegten Finger einen Speiserest aus dem
Zahn geholt. Ein Fleischhauer. Ein Metzger. Ein Halbtier.

Ja, dort gehörst du hin: in deine dunkle Höhle, zwischen die aufgehängten Tierkadaver, von denen
unschuldiges Blut zu Boden tropft. Dort gehörst du hin,
du erbärmliche Kreatur! Laß meine Meisterschöpfung in
Ruhe, ich beschwöre dich! Nicht einmal mit deinen
Blicken sollst du sie beschmutzen.

Vorausgesetzt, daß so einer überhaupt lesen kann.
Wer weiß, vielleicht tut er auch nur so. Vielleicht ist das
nur ein Täuschungsmanöver, mit dem er von einem
haarsträubenden Verbrechen abzulenken versucht. Der
Mann ist zu allem fähig. Man muß nur seine Augen
ansehen, diese flackernden, blutrünstigen Augen. Und
diese brutal gekrümmte Habichtsnase. Selbst um seine
Ohren spielt ein grausamer Zug. Und schon der bloße
Anblick seines fetten, schwammigen Körpers würde
zehn Jahre Zuchthaus rechtfertigen. Was macht der Kerl
überhaupt hier, auf dieser Bahnhofstation? Was heckt er
aus hinter seiner niedrigen Stirn? Ist er am Ende ein
Spion?

Gut möglich. Denn eines steht fest: Ein Mensch, der
meine meisterhafte Satire liest, ohne daß sie ihm auch
nur ein Lächeln entlockt, kann kein anständiger Bürger
sein! Da haben wir's. Du hast dich gut getarnt, mein
Junge, aber meinen Instinkt kannst du nicht irreführen.
Ich muß die Polizei verständigen. Im Wartesaal eines
strategisch wichtigen Bahnhofs treibt sich ein Indi-
viduum herum, das bei der Lektüre meiner Geschichten
nicht lacht. Schicken Sie sofort einen Einsatzwagen . . .

Was war das? Hat er jetzt gelacht?

Er hat nicht nur gelacht, er hat buchstäblich gejauchzt

vor Vergnügen. Nun ja, vielleicht war er bis jetzt nicht so recht bei der Sache. Er ist ja auch nur ein Mensch, nicht wahr? Ein zerstreuter Professor vielleicht, ein Gelehrter, dessen Gedanken um irgendwelche Atomprobleme kreisen. Obwohl sein Habitus nicht unbedingt der eines Professors ist. Eher gleicht er einem Mitglied des Obersten Gerichtshofs, oder einem Admiral in Zivil, oder sonst einer prominenten Figur des öffentlichen Lebens. Aber das spielt ja keine Rolle. Wer so von Herzen über meine Geschichte lachen kann, ist jedenfalls ein ehrenwerter Mensch. Gott segne ihn. Da sieht man wieder einmal, wie oberflächlich die ersten Eindrücke sind. Wo gibt es heute noch Menschen mit so markanten Gesichtszügen? Geradezu klassisch. Die klugen Augen strahlen Wärme und Verständnis aus, die makellosen Zähne blitzen im Sonnenschein. Er ist ein Dichter. Ein Humanist. Ein Wohltäter der Menschheit. Am liebsten würde ich seine erhabene Denkerstirne küssen, die Stirne meines Lesers. Ich liebe diesen Mann. Ich liebe sein perlendes Gelächter, sein überwältigendes Charisma.

Glücklich der Staat, der Söhne hat wie ihn. Und mich. Erlauben Sie, mein Leser, daß ich Sie »Mein Freund« nenne...

LESEPROBE AUS DEM BAND
»TOTAL VERKABELT«

Zum 70. Geburtstag

ROMAN HERZOG,
PRÄSIDENT DER
BUNDESREPUBLIK
DEUTSCHLAND

»Mit großem Respekt vor Ihrer Lebensleistung gratuliere ich Ihnen mit meinen besten Wünschen zu Ihrem 70. Geburtstag.«

RITA SÜSSMUTH,
PRÄSIDENTIN
DES DEUTSCHEN
BUNDESTAGES

»Im Namen des Deutschen Bundestages und persönlich gratuliere ich Ihnen herzlich zu Ihrem 70. Geburtstag. Der Glückwunsch gilt zugleich dem anhaltenden Erfolg Ihres Werkes gerade auch in Deutschland, wo Millionen von Menschen Ihre feinsinnige, humorvolle Sicht der Wirklichkeit schätzen. Mit den besten Wünschen für viele weitere erfüllte Jahre in Gesundheit und Schaffenskraft.«

HELMUT KOHL,
BUNDESKANZLER DER
BUNDESREPUBLIK
DEUTSCHLAND

»Zu Ihrem 70. Geburtstag sende ich Ihnen meine herzlichen Glückwünsche. Ich danke Ihnen für das, was Sie den Menschen auf erfrischend unterhaltsame Weise vermitteln, und denke gerne an unsere Begegnung im vergangenen Jahr zurück. Ich wünsche Ihnen weiterhin Schaffenskraft und Wohlergehen.«

JOHANNES RAU, MINISTERPRÄSIDENT DES LANDES NORDRHEIN-WESTFALEN »Lassen Sie mich Ihnen einfach von Herzen zum Geburtstag gratulieren. Meinen Gruß verbinde ich mit dem Wunsch nach persönlichem Wohlergehen, Glück und Zufriedenheit im Privaten. Daß Ihnen die Themen nicht ausgehen, dafür sorgen schon die Blaumilchkanäle dieser Welt, die - da bin ich sicher - noch lange angelegt werden. Insofern arbeitet das Leben selbst immer wieder Ihrer beruflichen Erfüllung in die Hände. Glückliche Schriftsteller!«

AUSZUG »DIE WELT« »Verwunderlich ist es nicht, daß der israelische Satiriker Ephraim Kishon zwischen allen Fronten seinen Platz hat. Er hat einmal gesagt: »Ich wehre mich erbittert gegen die Haltung, die dem Mörder Schuld abnimmt, indem man sie dem Opfer zuschiebt. Ein Mörder ist ein Mörder, und ein Opfer ist ein Opfer.« Wer kein Liberaler ist, wohl aber mit der Waffe der Ironie umzugehen versteht, hat unter Deutschlands Intellektuellen wenig Freunde. Daß sein Publikum ihn verehrt - und kauft -, legt den Verdacht nahe, hier sei einer am Werke, der den nervus rerum der Welt durchaus zu berühren versteht.«

AUSZUG AUS »TZ«,
MÜNCHEN

»Sein neuer Satirenband 'Der Apfel ist an allem Schuld - Gebrauchsanweisung für die Zehn Gebote' erscheint nach seinem Geburtstag bei Langen Müller. Kishon plus Bibel ergibt, wie man sich denken kann, eine brisante Mischung. Es ist eine witzig zugespitzte Auseinandersetzung mit sich selbst, mit der Welt und all den Fragen, die sich uns stellen, seit Eva ihren Adam in den Apfel beißen ließ.«

AUSZUG
AUS
»BERLINER
MORGENPOST«

»Hinter dem Humor steckt die Kunst des Überlebens: Man erkennt sogleich die satirische Absicht seiner Publikationen, ohne deshalb verstimmt zu sein. Das ist es, was den israelischen Erzähler und Bühnenautor Ephraim Kishon als einen Humoristen von Geblüt auszeichnet. Wer so kritisch über unsere Existenz zu resümieren vermag, hat doch mehr im Sinn als den zweifellos verlockenden Bedarf nach Schmunzelkomik zu befriedigen.«

Kishon Festival

Alle lieferbaren Bücher vom »Weltmeister des Humors«

Fragen Sie Ihren Buchhändler nach diesen Büchern von
Ephraim Kishon. Alle Angaben (Stand: 1. August 1994)
ohne Gewähr. Irrtümer und Änderungen vorbehalten.

Abraham kann nichts dafür
66 neue Satiren
256 Seiten. Gebunden
DM 14,80/öS 116,–/sFr 15,80
ISBN 3-7844-1850-3
Langen Müller

Alles Gute
von Ephraim Kishon
142 Seiten. Gebunden
DM 9,80/öS 77,–/sFr 10,80
ISBN 3-7766-1733-0
Herbig

Ein Apfel ist an allem schuld
Gebrauchsanweisung für die Zehn Gebote
384 Seiten mit Illustrationen von
Rudolf Angerer. Gebunden
DM 36,–/öS 281,–/sFr 37,–
ISBN 3-7844-2510-0
Langen Müller

Arche Noah, Touristenklasse
208 Seiten. Gebunden
DM 14,80/öS 116,–/sFr 15,80
ISBN 3-7844-1786-8
Langen Müller

Auch die Waschmaschine ist nur ein Mensch
240 Seiten mit Illustrationen von Rudolf Angerer. Gebunden
DM 16,80/öS 131,–/sFr 17,80
ISBN 3-7766-1454-4
Herbig

Beinahe die Wahrheit
288 Seiten. Gebunden
DM 28,–/öS 219,–/sFr 29,–
ISBN 3-7844-2049-4
Langen Müller

Bekenntnisse eines perfekten Ehemanns
320 Seiten. Gebunden
DM 22,–/öS 172,–/sFr 23,–
ISBN 3-7844-1976-3
Langen Müller

Drehn Sie sich um, Frau Lot!
224 Seiten. Gebunden
DM 14,80/öS 116,–/sFr 15,80
ISBN 3-7844-1787-6
Langen Müller

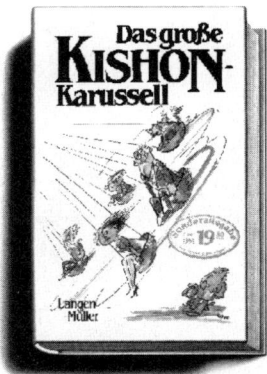

Essen ist meine Lieblingsspeise

262 Seiten mit Illustrationen von Rudolf Angerer. Gebunden
DM 29,80/öS 233,–/sFr 29,80
ISBN 3-7844-2421-X
Langen Müller

Das Große Kishon-Buch

512 Seiten. Gebunden
DM 29,80/öS 233,–/sFr 29,80
ISBN 3-7844-1552-0
Langen Müller

Das große Kishon-Karussell

544 Seiten. Gebunden
DM 19,80/öS 155,–/sFr 20,80
ISBN 3-7844-1714-0
Langen Müller

Im neuen Jahr wird alles anders

516 Seiten mit Illustrationen von Rudolf Angerer. Gebunden
DM 25,–/öS 195,–/sFr 26,–
ISBN 3-7766-1836-1
Herbig

Das Kamel im Nadelöhr
384 Seiten. Gebunden
DM 29,80/öS 233,–/sFr 29,80
ISBN 3-7844-1944-5
Langen Müller

Eine Katze kommt
selten allein
64 Seiten mit zahlr. farb. Bildern
von Friedrich Kohlsaat. Gebunden
DM 19,80/öS 155,–/sFr 20,80
ISBN 3-88010-193-0
Lentz

Kishon für Manager
240 Seiten. Gebunden
DM 24,80/öS 194,–/sFr 25,80
ISBN 3-7844-7225-7
Wirtschaftsverlag

Kishon für Steuerzahler
256 Seiten mit Illustrationen von
Rudolf Angerer. Gebunden
DM 29,80/öS 233,–/sFr 29,80
ISBN 3-7844-2358-2
Langen Müller

Kishons beste Autofahrergeschichten

272 Seiten mit Illustrationen von Rudolf Angerer. Gebunden
DM 19,80/öS 155,–/sFr 20,80
ISBN 3-7766-1326-2
Herbig

Kishons beste Familiengeschichten

280 Seiten. Gebunden
DM 24,80/öS 194,–/sFr 25,80
ISBN 3-7844-1599-7
Langen Müller

Kishons beste Geschichten

328 Seiten. Gebunden
DM 19,80/öS 155,–/sFr 20,80
ISBN 3-7766-1453-6
Herbig

Kishons beste Reisegeschichten

320 Seiten mit Illustrationen von Rudolf Angerer. Gebunden
DM 19,80/öS 155,–/sFr 20,80
ISBN 3-7766-1178-2
Herbig

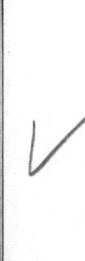

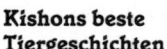

Kishons beste
Tiergeschichten

256 Seiten mit Illustrationen von
Rudolf Angerer. Gebunden
DM 19,80/öS 155,–/sFr 20,80
ISBN 3-7766-1261-4
Herbig

Mein Freund Jossele

288 Seiten mit Illustrationen von
Rudolf Angerer. Gebunden
DM 22,–/öS 172,–/sFr 23,–
ISBN 3-7844-1659-4
Langen Müller

Kishons Hausapotheke
für Gesunde

280 Seiten mit Illustrationen von
Brian Bagnall. Gebunden
DM 24,80/öS 194,–/sFr 25,80
ISBN 3-7766-1553-2
Herbig

Nicht so laut vor Jericho

248 Seiten. Gebunden
DM 14,80/öS 116,–/sFr 15,80
ISBN 3-7844-1664-0
Langen Müller

Nichts zu lachen

Nach Gesprächen mit dem Journa-
listen Jaron London. 272 Seiten.
54 s/w-Fotos. Gebunden
DM 39,80/öS 311,–/sFr 39,80
ISBN 3-7844-2457-0
Langen Müller

Salomos Urteil,
zweite Instanz

288 Seiten. Gebunden
DM 14,80/öS 116,–/sFr 15,80
ISBN 3-7844-1740-X
Langen Müller

Der seekranke Walfisch

240 Seiten. Gebunden
DM 14,80/öS 116,–/sFr 15,80
ISBN 3-7844-1588-1
Langen Müller

Großdruck. Gebunden
DM 29,80/öS 233,–/sFr 29,80
ISBN 3-8090-2197-0
Limes

Der quergestreifte Kaugummi

72 Seiten mit farbigen Illustrationen von Friedrich Kohlsaat.
Gebunden
DM 19,80/öS 155,–/sFr 20,80
ISBN 3-88010-232-5
Lentz

Der Trauschein

144 Seiten. Gebunden
DM 14,80/öS 116,–/sFr 15,80
ISBN 3-7844-2008-7
Langen Müller

Über die Schweiz

136 Seiten. Gebunden
DM 22,–/öS 172,–/sFr 23,–
ISBN 3-7844-2387-6
Langen Müller

... und die beste Ehefrau von allen

288 Seiten. Gebunden
DM 22,–/öS 172,–/sFr 23,–
ISBN 3-7844-1863-5
Langen Müller

Undank ist der Welten Lohn

286 Seiten mit Illustrationen von
Rudolf Angerer. Gebunden
DM 29,80/öS 233,–/sFr 29,80
ISBN 3-7844-2308-6
Langen Müller

Wenn das Auto Schnupfen hat

72 Seiten mit farbigen Illustrationen
von Friedrich Kohlsaat. Gebunden
DM 19,90/öS 155,–/sFr 20,90
ISBN 3-88010-064-0
Lentz

Wie unfair, David!

192 Seiten. Gebunden
DM 14,80/öS 116,–/sFr 15,80
ISBN 3-7844-1788-4
Langen Müller

Ephraim Kishon/Helmut Pfleger/
Ossi Weiner

Schachcomputer

168 Seiten mit 116 Grafiken.
Gebunden
DM 29,80/öS 233,–/sFr 29,80
ISBN 3-485-01702-7
nymphenburger

Taschenbücher

Abraham kann nichts dafür
66 neue Satiren
    Ullstein 20723
    DM 9,90/öS 77,–/sFr 10,90

Arche Noah, Touristenklasse
Satiren
    Ullstein 22968
    DM 12,90/öS 99,–/sFr 13,90

    Ullstein Großdruck 40112
    DM 12,80/öS 99,–/sFr 13,80

Arche Noah, Touristenklasse
Neue Satiren aus Israel
    Rowohlt 756
    DM 7,80/öS 61,–/sFr 7,80

Auch die Waschmaschine ist nur ein Mensch · Kishons beste Autofahrergeschichten
    Ullstein 23538
    DM 12,–/öS 94,–/sFr 12,–

Beinahe die Wahrheit
Die Geschichte meiner Geschichten
    Ullstein 20766
    DM 9,90/öS 77,–/sFr 10,90

Bekenntnisse eines perfekten Ehemanns
Satiren
    dtv 10496
    DM 8,80/öS 69,–/sFr 9,80

Der Blaumilchkanal
Satirische Szenen
    dtv 993
    DM 9,90/öS 77,–/sFr 10,90

Drehn Sie sich um, Frau Lot!
Satiren aus Israel
    Ullstein 22427
    DM 9,90/öS 77,–/sFr 10,90

Es bleibt in der Familie
Satiren
    dtv 1C440
    DM 7,90/öS 62,–/sFr 8,90

Es war die Lerche
Lustspiele
Ullstein 20033
DM 9,90/öS 77,–/sFr 10,90

Essen ist meine Lieblingsspeise
Gesammelte Satiren um die zweit-
schönste Sache der Welt
Ullstein 23456
DM 9,90/öS 77,–/sFr 10,90
Erscheint im November

Der Fuchs im Hühnerstall
Ein satirischer Roman
Ullstein 23158
DM 9,90/öS 77,–/sFr 10,90

Das große Kishon-Karussell
Gesammelte Satiren
Ullstein 22752
DM 10,–/öS 78,–/sFr 11,–

Hausapotheke für Gesunde
Ullstein 22350
DM 9,90/öS 77,–/sFr 10,90

Der Hund, der Knöpfe fraß
Satiren mit Bildern
Ullstein Großdruck 40012
DM 9,80/öS 77,–/sFr 10,80

Im neuen Jahr wird alles anders
Ausgewählte Satiren
Ullstein 20981
DM 12,90/öS 99,–/sFr 13,90

In Sachen Kain und Abel
Satiren
Ullstein Großdruck 40124
DM 14,80/öS 116,–/sFr 15,80

Das Kamel im Nadelöhr
Neue Satiren
Ullstein 22996
DM 10,–/öS 78,–/sFr 11,–

Kein Applaus für Podmanitzki
Satiren
Ullstein 20982
DM 9,80/öS 77,–/sFr 10,80

Kein Öl, Moses?
Neue Satiren
Ullstein 20569
DM 9,80/öS 77,-/sFr 10,80

Ullstein Großdruck 40135
DM 14,80/öS 116,-/sFr 15,80

Kishon für alle Fälle
327 unbrauchbare Lebensweisheiten
Bastei Lübbe 12016
DM 9,90/öS 77,-/sFr 10,90

Kishon für Steuerzahler
Eine satirische Bilanz
Bastei Lübbe 12032
DM 9,90/öS 77,-/sFr 10,90

Kishons beste Autofahrergeschichten
Ullstein 22451
DM 9,80/öS 77,-/sFr 10,80

Kishons beste Familiengeschichten
Ullstein Großdruck 23422
DM 12,90/öS 99,-/sFr 13,90

Kishons beste Familiengeschichten · ...und die beste Ehefrau von allen
Ullstein 23408
DM 10,-/öS 78,-/sFr 10,-

Kishons beste Reisegeschichten
Rhodos, Türkei, Italien, Ungarn,
Österreich, Deutschland, Schweiz,
Frankreich, Spanien, Holland,
England, Israel, Amerika
Ullstein 20333
DM 9,90/öS 77,-/sFr 10,90

Kishons beste Tiergeschichten
Ullstein 23483
DM 12,-/öS 94,-/sFr 12,-
Erscheint im Januar '95

Kishon für Kenner
ABC der Heiterkeit
Ullstein 20065
DM 9,90/öS 77,-/sFr 10,90

Kishon für Manager
Satirische Tips und Tricks für alle
Wirtschaftslagen
  Ullstein 22276
  DM 8,80/öS 69,-/sFr 9,80

Kishons Sommer-Lesebuch
Der seekranke Walfisch · Wie unfair,
David! · Pardon, wir haben gewonnen
  Ullstein 20984
  DM 9,80/öS 77,-/sFr 10,80

Mein Freund Jossele
und andere neue Satiren
  Ullstein 20053
  DM 9,80/öS 77,-/sFr 10,80

  Ullstein Großdruck 40083
  DM 9,80/öS 77,-/sFr 10,80

Nicht so laut vor Jericho
Neue Satiren
  dtv 989
  DM 9,90/öS 77,-/sFr 10,90

Paradies neu zu vermieten
  Ullstein 23562
  DM 12,80/öS 99,-/sFr 13,80

Pardon, wir haben gewonnen
Vom Sechs-Tage-Krieg bis zur
Siegesparade
  Ullstein 23506
  DM 9,80/öS 77,-/sFr 10,80

Picasso war kein Scharlatan
Randbemerkungen zur modernen
Kunst
  Ullstein 20898
  DM 9,90/öS 77,-/sFr 10,90

**Der quergestreifte
Kaugummi**
Acht Erzählungen
  Ullstein 20013
  DM 8,90/öS 70,-/sFr 9,90

**Salomos Urteil, zweite
Instanz**
Neue Satiren
  dtv 1038
  DM 8,80/öS 69,-/sFr 9,80

Schokolade auf Reisen

11 Erzählungen
    Ullstein 20158
    DM 6,80/öS 53,–/sFr 7,80

Der seekranke Walfisch

oder Ein Israeli auf Reisen
    Ullstein 83428
    DM 6,80/öS 53,–/sFr 7,80

    Ullstein Großdruck 40069
    DM 10,80/öS 84,–/sFr 11,80

... und die beste Ehefrau von allen

Ein satirisches Geständnis
    Ullstein 22601
    DM 9,90/öS 77,–/sFr 10,90

Total verkabelt

Satirisches um Presse, Funk und Fernsehen
    Ullstein 22439
    DM 9,80/öS 77,–/sFr 10,80

Undank ist der Welten Lohn

Ein satirischer Nachruf
    Ullstein 22810
    DM 9,90/öS 77,–/sFr 10,90

Wenn das Auto Schnupfen hat

    Ullstein 20137
    DM 9,80/öS 77,–/sFr 10,80

Wie unfair, David!

Satiren
    Ullstein 22837
    DM 7,80/öS 61,–/sFr 8,80

    Ullstein Großdruck 40052
    DM 9,80/öS 77,–/sFr 10,80

Ephraim Kishon/Helmut Pfleger/
Ossi Weiner
Schachcomputer

Gegner und Freund
    Ullstein 34979
    DM 14,90/öS 116,–/sFr 15,90

Schumm sprechende Bücher
(Cassetten/Tonträger)

Essen ist meine Lieblingsspeise
Satiren
    Sprecher: Wolfgang Höper
    2 Cassetten, Laufzeit ca. 180 Min.
    DM 44,80/öS 380,–/sFr 44,80
    (fPr)
    ISBN 3-88698-353-6
    Schumm

Das Geheimnis der Melone
und andere Geschichten
    Sprecher: Wilhelm Götze und
    Karlheinz Gabor
    2 Cassetten, Laufzeit 125 Min.
    DM 35,80/öS 305,–/sFr 35,80
    (fPr)
    ISBN 3-88698-069-3
    Schumm

Kishon für Steuerzahler
Eine satirische Bilanz
    Sprecher: Wolfgang Höper
    2 Cassetten, Laufzeit 165 Min.
    DM 35,80/öS 305,–/sFr 35,80
    (fPr)
    ISBN 3-88698-340-4
    Schumm

Kishons beste Familiengeschichten
    Sprecher: Wilhelm Götze
    2 Cassetten, Laufzeit 155 Min.
    DM 35,80/öS 305,–/sFr 35,80
    (fPr)
    ISBN 3-88698-029-4
    Schumm

Paradies neu zu vermieten
Heitere Satiren
    Sprecher: Ernst-August
    Schepmann
    2 Cassetten, Laufzeit 105 Min.
    DM 35,80/öS 305,–/sFr 35,80
    (fPr)
    ISBN 3-88698-306-4
    Schumm

Ein Vater wird geboren
    Sprecher: Andreas Fischer
    2 Cassetten, Laufzeit 120 Min.
    DM 35,80/öS 305,–/sFr 35,80
    (fPr)
    ISBN 3-88698-030-8
    Schumm

Video-Cassette

»Lieben Sie Kishon?«
Die schönsten TV-Satiren
    Regie: Otto Tausig und Peter Weck
    Spieldauer: ca. 60 Min.
    System: VHS.
    DM 49,–/öS 417,–/sFr 49,–(fPr)
    ISBN 3-7844-2224-1
    Herbig

Ephraim Kishon international

111

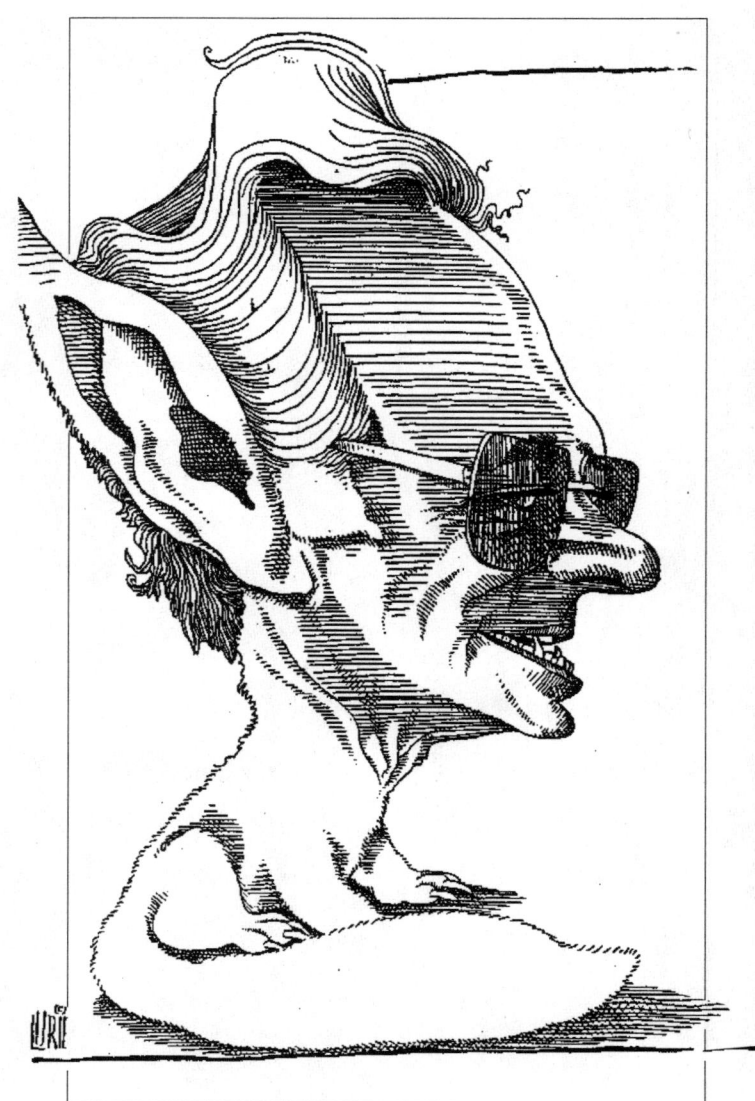